道家的理想人

朱浩真 编著

中华文化人文通识读本·《中国人》书系

黄荣华 主编

广西师范大学出版社
·桂林·

图书在版编目(CIP)数据

道家的理想人／黄荣华主编；朱浩真编著．—桂林：广西师范大学出版社，2021.1

(中华文化人文通识读本．《中国人》书系)

ISBN 978-7-5598-3209-2

Ⅰ．①道… Ⅱ．①黄… ②朱… Ⅲ．①道家－哲学家－生平事迹－中国－青少年读物 Ⅳ．①B223-49

中国版本图书馆 CIP 数据核字(2020)第 172219 号

道家的理想人
DAOJIA DE LIXIANG REN

出 品 人：刘广汉
责任编辑：刘美文
项目编辑：王 璇
装帧设计：朱鑫意

广西师范大学出版社出版发行
(广西桂林市五里店路 9 号　　邮政编码：541004
网址：http://www.bbtpress.com)
出版人：黄轩庄
全国新华书店经销
销售热线：021-65200318　021-31260822-898
山东韵杰文化科技有限公司印刷
(山东省淄博市桓台县桓台大道西首　邮政编码：256401)
开本：690mm×960mm　1/16
印张：11.75　字数：151 千字
2021 年 1 月第 1 版　2021 年 1 月第 1 次印刷
定价：40.00 元

总序

《中国人》书系共十册：《儒家的理想人》《墨家的理想人》《道家的理想人》《法家的理想人》《释家的理想人》《魏晋觉醒的人》《儒道释会通的人》《明代寻求真我的人》《现代走向世界的人》《神话、传说、侠义的理想人》。

《中国人》书系的编写，源于我们对当下中学生学习需要与生活需要的理解。

在我们的理解中，当下中学生需要对“中国人”有更广泛、更深刻的认识。“广泛”是对不同思想、不同行为的“中国人”而言的，“深刻”是对历史语境中生活的“中国人”而言的。在这样“广泛”“深刻”的认识之下，才可能对“中国人”产生较为全面的认知。

而对“中国人”较为全面的认知，首先是“识自”的需要。

较全面地认识自我，才能比较理性地给自己定位。理性地自我定位，是极其重要的。用古人的话说，就是“知天命”。“知天命”才能真正地“人有为”，否则就会胡作非为。但受各种因素的影响，特别是“西方中心主义”的控制，当下中国整体上缺乏对“中国人”较为全面的认知。也就是说，我们现代中国人对“中国人”缺乏自我认知，其表现有时是自高自大，更多时候是妄自菲薄。这两种表现，在当下中学生身上都有所反映，只是反映的程度与方式有所不同而已。

我们常常听到中学生说这样一句话：“对待古代文化，要取其精华，去其糟粕。”

“取其精华，去其糟粕”，作为现代人对待传统文化的大策略与大原则，是极正确，是应当坚持的，但实际上可能是难以操作的。一个中学生如果只会空说这样的大原则，而并不知晓何为“精华”，何为“糟粕”，又怎么“取”与“去”呢？不知晓何为“精华”，何为“糟粕”，却硬要“取精华”，“去糟粕”，就只能胡乱动手了。

我要说，这种在不知何为“精华”，何为“糟粕”的情况下，却胡乱地“取其精华，去其糟粕”的行为，其实在今天已经是“西方中心主义”控制下的不“识自”的中国人的普遍行为。

这种不“识自”的普遍行为，也可以说是“西方中心主义”控制下逐步形成的“反传统的传统”的表现。仔细想想，这种“反传统的传统”有着怎样的傲慢与偏见，它高高在上地审视着几千年传统文化，用“有罪推定”审判着几千年传统文化。

认识这种“反传统的传统”，认识这种“反传统的传统”对我们行为的影响，认识这种影响在我们教育中的体现，认识这种体现对我们的教育所造成的困难，也是我们“识自”的重要内容。

认识自我，才能更好地面对自我。较为全面地认知“中国人”，也是我们现代中国人更好地面对几千年传统的必须，是现代中国人更好地面对当下生活的必须。

传统是现代人走向未来的原动力。中华几千年传统，是现代中国人走向未来的原动力。历史早已证明，现代中国人不可能也无法割断自己与几千年文明史的广泛而深刻的内在联系。所以习近平总书记在党的十九大报告中指出：“中国特色社会主义文化，源自于中华民族五千多年文明历史所孕育的中华优秀传统文化。”习近平总书记也说：“中国人民的特质、禀赋不仅铸就了绵延几千年发展至今的中华文明，而且深刻影响着当代中国发展进步，深刻影响着当代中国人的精神世界。”（《在第十三届全国人民代表大会第一次会议上的讲话》，2018 年 3 月 20 日）

较为全面地认知“中国人”，就能较为全面地认识“中国人民的特质、禀赋”，就能较全面地认识这些“特质、禀赋”对现代中国人走向未来具有怎样的活性力量；就能较全面地认识传统中国人为什么是“这样”生活而不是“那样”生活；就能较全面地认识现代中国人的生活逻辑与传统中国人的生活逻辑有怎样的内在关联；就能较深刻地理解古代诗文为什么是“这种”表达方式而不是“那种”表达方式；就能较深刻地理解汉字、汉语为什么能几千年不中断其历史，在现代中国依然具有强大的生命力，鲜活如初……

作为语文教师，我还要说，较为全面地认知“中国人”，还是学好古诗文的必须。常常听一些同学感叹，古诗文太难读了。是的，当我们对古代一点也不了解的时候，当我们对古人的生活一点也不熟悉的时候，当我们对古诗文生成的文化逻辑一点也不明白的时候，当我们对古诗文生成的文化逻辑其背后所隐藏的古人的生活情趣一点也感知不到的时候，阅读古诗文是会有很大障碍的。但倘若与之相反，我们阅读古诗文就不仅轻松如履平地，沉醉如沐春风，满足如享秋果，而且即使需要翻越障碍、穿越荆棘，也会勇于翻越、乐于穿越，进而体验翻越的愉悦，收获穿越的趣味。

一言以蔽之，期待《中国人》书系能帮助大家更好地认识自我，从而更好地有作为，从而更好地创造自己的幸福生活，从而更好地建设美丽新世界。

黄荣华

2020 年 8 月 6 日

前言

天大，地大，人亦大

作为语文老师，在和同学的交流中，总感觉大家对道家有着浓厚的兴趣，但却往往带有一些前见。有同学认为，道家思想就是避世、放浪、无为清净，道家与儒家的价值观是截然相对的。有同学认为道家就是轻人世而重自然的。还有同学感慨于庄子“吾生也有涯，而知也无涯”的见解，觉得求知、认识解决不了人生的实际问题，也不能带给自己快乐，为自己学习上的懈怠辩护。

用庄子所探讨的相对主义视角看，这些想法正是如同盲人摸象，或在以粗浅的印象来界定丰富而灵动的理论。“以差观之，因其所大而大之，则万物莫不大；因其所小而小之，则万物莫不小。”（《庄子·秋水》）这些说法不能说没有道理，但是却忽略了一点，与诸家思想一样，道家思想是丰富而多样的，它有其个性，但在应对和处理具体现象时，它显现出足够的包容和辩证。

道家者有放浪，但嵇康们的“越名教而任自然”不是鄙弃名教，而是要纠正其对人性的异化。道家者亦有出世无为，但其事功之效不逊于有为，就像路边的不材之木，枝繁叶茂、树叶婆娑，虽然不招摇，足以荫蔽左右，可供行李往来，徘徊休息（成玄英）。老子或有“绝圣弃智”之说，然弃智目的是为防止人心机巧，纵欲擅私，妨害质朴天性，并非为愚弱心智，大搞反智主义。庄子的“乌有乡”畅想，广漠玄妙，令人有出尘之想。但究其本身，源自对本性的去蔽存真。“今子有大树，患其无用，何不树之于无何有之乡，广莫之野，彷徨无为其侧，逍遥乎寝卧其下。不夭斤斧，物无害者，无所可用，安所困苦哉！”无所待、无所用，返归天真，才是逍遥之境。

误解之所以产生，或源于对原典的不熟悉，对思想的道听途说。而更主要的，恐因忽略了道家对于生命的关怀，无视其对于人之所以为人的灵性，对于每一个人的价值、情感和意志的深切关注。荀子谓庄子“蔽于天而不知人”，未必很公允。的确，庄子有浮生之叹，大化如浪，和宇宙自然、天道大运比较起来，人生若舟，渺小而被动。苏轼《赤壁赋》中也感慨“哀吾生之须臾，羡长江之无穷”。但对天道的参悟，仍是根植于人间世的焦虑与关切，是借助想象与语言的畅游实现人世纷争的悬解，道家所谓天道不是异己的幽冥高蹈之境，而是通向人之自然真性。没有了“人”的存在位置，没有对现实中人与人的关系的意义思索，“道”的外延自然也就不完整。故而老子有云：“故道大，天大，地大，人亦大。域中有四大，而人居其一焉。人法地，地法天，天法道，道法自然。”（《道德经》）人是承载、贯通天道的重要一环，不可或缺。作为道之载体，天地人同等高贵，和合参互，相辅相成。

道家维护人性之高贵，着眼于守护生命的尊严。如《吕氏春秋》主张贵生：“圣人深虑天下，莫贵于生。”“在四官者不欲，不利于生者则弗为。”圣人让国，因为一国之事，一王之尊，耗费生命的精力，权力的诱惑在个体生命尊严面前低头，道家的声音振聋发聩，穿透亘古的历史迷墙。

道家追索生命幸福的持久和稳固。正如老子所言“万物得一以生”，

"得一"即得道，道是万物生长、充盈、灵动、茁壮乃至强大的后盾。道家更是以丰富而系统的养生之术，拓宽生命，调养性情。张良以柔弱之气质，协助君主立定大计，保身远害，善始善终。李荣导引轻身泽被士林，白居易行虚极坐忘之法，克服疾病，安神立命。

道家引领世人以更美好的理想，塑造、变革我们的生活世界。竹林七贤以玄谈清辩对抗时代的专制与高压，垂范士子。魏源、严复巧妙地"误用"道家理想，结合西方民主思潮，提出大变革的主张，呼应现代启蒙思想的先声，救亡图存，可歌可泣。

所以说天人合和，是道家的理想。历史上道家的理想人，有更大的天地视野，领悟着天地大美，有着驰骋天地，独与之往来的精神境界，也有改天换地的雄心魄力。由黄荣华老师领衔，复旦附中语文组编写的《中国人》系列丛书，致力于诠释经典，以简要的专题，简洁的语言，诠释中华文化赋予我们现代中国人的有为与无为，可为与将为。

本书试图开启读者的思想之旅，突破前见，更深切地认知自己的尊严与使命。与有荣矣，俟知者焉。

目录

一 先声

黄帝参法天地

“寄意寒星荃不察，我以我血荐轩辕。”（鲁迅）轩辕黄帝作为华夏民族的始祖，上古五帝之首，政治地位和文化意义显而易见。而其对于中国人思想的影响，同样也不能忽略。道家学说的重要的分支即“黄老”之学。“黄老”之说或形成于战国。其正式的名称在西汉已经出现。司马迁在《史记·乐毅列传》中提到，乐毅的后代乐臣公学的是黄老之术，在齐国已经非常有名气了。王充在《论衡》中提到：“贤之纯者，黄、老是也。”

虽然说，黄帝的思想形象寄寓了后世道家学说的价值理念，但作为道家理想人格的体现者，黄帝存世的时间最早。这样，我们的溯源就从黄帝开始。

在道家的描述中，黄帝往往以神仙、圣人面目出现。申功说，黄帝戎马倥偬，不忘学仙道，四处游山览胜，实际目的是与仙人会。百余岁后能够做到与神通，最后得道升天，功德圆满。据《史记·封禅书》记载，黄帝采首山铜铸鼎，完工后，上天感应，有神龙下凡迎黄帝。黄帝骑龙升天，群臣及后妃七十余人从龙而去，剩下那些忠心耿耿的臣子们也要跟着走，结果只扯断了几根龙须落入凡间。臣子们抱着龙须和黄帝的弓大声号哭，寄托哀思，据说龙的胡子在地上繁衍，就长成了龙须草。黄帝铸造的鼎则被大禹接受，铸上各地风物花纹，成为九州的领土和王权的象征。

黄帝这里成为典型的道家意象。他不满足于尘世的功业，注重修行养生，最终飞升天际，实现了自我的不朽永恒。而他留下的一点点身外之物，就足以令俗世人膜拜。但仅从得道修仙的角度理解黄帝的道家内涵，则会流于肤浅。从思想维度看，黄帝对天道运行的体悟，效法天地自然的智慧，更接近于道家根本。

道家思想将宇宙万物看作是“道”生发、运作的结果。老子在《道德经》第四十二章中说：“道生一，一生二，二生三，三生万物。”一是从无中生出的有，二是阴阳，阴阳生出天地人，再由这三者生发万物。在黄帝乘龙升天的故事中，先有铸鼎的完成，这是其一生功业的代表。而最初黄帝所铸之鼎，并不是九鼎，而是三鼎，人们认为，这对应的恰恰就是天地人三元，这是先人对于宇宙自然之道的参悟，也是道家思想的重要表征。

《管子》也可以归为道家经典之一，其所谓黄帝明于“天道”，即强调了黄帝对于天道的体悟是具有肇始性的。黄帝宗法的“天道”，最显豁的理解是自然规律。回望黄帝统一天下到建立文明的过程，他对自然之道的敬畏和利用，更是到了炉火纯青的地步。比如他与蚩尤之间的战争。

黄帝所处的时代，炎帝神农氏的势力最大，在中原居于统治地位，然而其统治后期，各部族为了争夺生存资源相互征伐，炎帝已然失去掌控，此时，轩辕氏站出来，征讨那些不服从命令的诸侯。在征服炎帝集团（一说受炎帝邀请），双方力量合并之后，蚩尤氏成了他们共同的敌人。与蚩尤的战争成为华夏民族形成的标志性事件。

《史记·五帝本纪》记载，神农氏执政，统治式微，诸侯相互侵伐，百姓深受其苦，黄帝作为大臣受命挺身而出，代神农氏解天下之急。经过数年的战争和怀柔，诸侯大多都愿意臣服，唯独最为凶暴嚣张的蚩尤，难以征服。这场战争异常艰苦和惨烈。蚩尤本身未必是一个人，他们极有可能是身处江淮流域异族酋长的联盟，人多势众，团结一心，情同手足，据任昉《述异记》，蚩尤部落有兄弟七十二人，还有八十族联盟之说。这些人骁勇善战，铜头铁额，以铁石为食。据说蚩尤是中国古代最早的兵器制造家之一，相传冷兵器时代最初的五种主战武器就是他和同伴设计，如矛、戟等，据传他创造性地使用铜和锡的合金来铸兵器，比纯铜的杀伤力要高出很多。面对强敌，黄帝如何应对。

《山海经》中记载了黄帝与蚩尤氏决战的场面：当时蚩尤派兵攻打黄帝，黄帝就让应龙在冀州郊外迎战。应龙引水来灌注冀州，蚩尤则请来风伯雨师求风祈雨，运用气象助战。最后黄帝借助天女的神力，让雨停止，最后杀死蚩尤。

在这场战争中，黄帝展现出了军事家的谋略，善于利用地形，借助天时、地利来破敌方士气。更重要的是，他下令利用灌溉田地的水来对付敌人，这是中原农耕文明相对于江淮地区落后文明的胜利。据说，这场旷日持久的战争大大小小实际经历了一百多次，还有黄帝“九战不胜”的说法。最终，智慧的黄帝赢了蛮勇的蚩尤（相传蚩尤死后，他的尸体化为盐卤，供后人食用）。

黄帝能够敏感地发现自然的力量，并善于利用。这一点，还有一个更玄妙的佐证：“黄帝与蚩尤九战不胜……有一妇人，人首鸟形，黄帝稽首再拜，伏不敢起。妇人曰：‘吾玄女也，子欲何为?’黄帝曰：‘小子欲万战万胜。’遂得战法焉。”（《太平广记·骊山姥》卷六十三）有个半人半鸟的仙女授兵书于黄帝，教他怎么打仗。神话的背后，是黄帝作为先民首领，对天、对神、对自然的敬畏和效法。《管子》认为：“昔者，黄帝得蚩尤而明于天道。”（一说蚩尤未死，而是辅佐黄帝。）

黄帝的“明于天道”，不只局限于利用自然，更大的成绩在治理国家。

具体说来有三个方面。

其一是参法自然规律，创立百物，明确职能。据《太平广记》记载，黄帝看到弦月到满月的变化周期是十五天，于是就铸镜十五，第一个镜子直径一尺五寸，之后每一个的直径差一寸。在赴西王母的宴会上，他带着这十五面镜子，随着月相的变化，换着用，着实风雅非凡。《国语》记载："黄帝能成命百物，以明民共财。"他让史官仓颉模仿鸟兽形迹创立文字，令容成发明了历法，大挠发明了天干地支，乐师伶伦制作乐吕。连他自己的称号都是参五行阴阳而来，当时五行中土气较盛，所以自号为黄帝。

其二则是创立制度，规定职责名分。用道家的术语来说，是立"刑名"。《黄帝四经》云："故执道者之观于天下也，必审观事之所始起，审其刑名，刑名已定，逆顺有位，死生有分，存亡兴坏有处。然后参之于天地之恒道，乃定祸福死生存亡兴坏之所在。"意思是黄帝观察天道，了解事物的起源，确定万物最合适的顺逆位次，职责名分，由此形成社会政治层面的规矩、秩序。黄帝命令颛顼设立了天官，负责天文、气象、历法、祭祀和其他宗教神学事务。还设立了地官负责家长里短、柴米油盐。并完善了氏族百官的责任制和绩效考评。黄帝得"六相"辅佐，请其中奢龙、祝融、大封、厚土四位大臣管理东南西北四方。（参见《管子》）当事物功用明确了，保障发挥功用的制度也确立起来，再进一步让百官的职责固定。这本身是对天地的参法，因为天地自然是有等级的："天地之恒常，四时、晦明、生杀、輮刚。万民之恒事，男农、女工。贵贱之恒位，贤不肖不相放。"（《黄帝四经》）夏天不能穿冬衣，白天也不可打灯笼，女人不便去耕田，蠢人岂可居高位。尊重秩序，认同名分，就可以使人各善所长，亦能不过度耗费民力。

其三，引法令来保障制度。"道生法。法者，引得失以绳，而明曲直者也。（故）执道者，生法而弗敢犯也。"（《黄帝四经》）意思是法令是制度的准绳，依法治理，久而久之，治理国家就会由“政治”转变为“政化”。民力可用，垂拱则治。《淮南子》记载黄帝之世，法令严明清晰，当时强者凌弱，多不欺寡，人民长寿，风调雨顺没有凶年，百官守职无私。路不拾遗，市无二价，城郭大开无虑，盗贼销声匿迹，旅途中人相让以财，甚至于狗彘吐菽粟于路，而无丝毫忿争之心。

黄帝“明于天道”，践行恒理，在修身治国中，从物、名、法三个方面顺应、参照自然。道家之祖，实至名归。

舜帝无为而治

与黄帝类似，舜帝的治国理念和事迹，也启迪了后世的道家学说。从他“南面而治”的过程中，我们隐约看到了道家不断发展演绎的“清静无为”理念。

何谓“南面而治”？孔子这样解释：“无为而治者，其舜也与？夫何为哉？恭己正南面而已矣。”（《论语·卫灵公》）舜怎样做王的，很简单，板着个脸朝南端坐在朝堂上。陆贾曰：“昔舜治天下也，弹五弦之琴，歌南风之诗，寂若无治国之意，漠若无忧天下之心，然而天下大治。”（《新语》）舜当年治天下，整天弹琴、搞创作。文艺青年好像从不操心国事，安静腼腆略带冷漠，结果天下太平。舜的治理效果甚佳，用扬雄的话说，“法度彰，礼乐著，垂拱而视天下民之阜也，无为矣”。（《法言》）意思是舜治理的国家，法制健全，文化昌盛，老百姓兜里还不差钱。舜的做法其实继承的是尧时代的政策，将帝王对民力的干预降到最低，对一般百姓而言，不见“帝力”。《论衡》记载尧时农夫“有年五十击壤于路者”，高唱《击壤歌》：“日出而作，日入而息。凿井而饮，耕田而食。帝力于我何有哉！”就是这个时代的缩影。

为何看似无所作为，却有这么大的政绩？对群臣来说，舜如果只是吉祥物或背景板，那国家也搞不好。关键是舜能够任用大禹、皋陶这样的贤臣，知人善任，不是以外行领导内行，帮倒忙瞎指挥，所以行政效率极高。刘向说：“故王者劳于求人，佚于得贤，舜举众贤在位。”舜虽然没有为了治理洪水殚精竭虑，但是他任命的大禹却可以三过家门不入，累得腿上汗毛都磨光了。而最根本的原因是，舜从不扰民，一来给百姓足够休养生息的空间，二来，能够让民心归于平淡自然，无赋税严刑，就能无忧无虑，进而无焦躁、无争斗。民心自觉，民情得化。《庄子·天道》形容舜治天下，像日月照耀，四时运行，也像昼夜更替，云行雨施。他的政令就如同最基本、合理、恒常的生活规律，让百姓感到亲切、舒适、自然，遵从起来毫不费力。从帝王的心术上说，究其根本，就是重道寡欲。君王绝不将个人意志凌驾于天道世情之上，相反，所有的名法都应该借助道，便能事半功倍。

古人深谙此理，举个例子。《列子》中有一个关于黄帝的寓言。当年黄帝看到国事荒废，担心自己无能，于是加班加点，力除国弊，身体状况却因操劳每况愈下。

终于有一天，他厌倦了这样的生活，于是就远离都城，来到乡间静修。此时，他做了一个白日梦，梦见自己来到了一个叫华胥国的地方。这里没有官员、老师，没有长幼等级，男女老少，都没有自私之心，没有欲望，没有争斗，不贪生，不怕死，不懂爱憎亲疏，完全是一副原始蒙昧的样子。人们腾云驾雾像踩在平地上，而水淹、火烧、刀劈、爪挠都不能伤害他们，雷霆不能扰乱视听，美丑不可侵扰其心，简直就是无欲则刚的范本。

黄帝醒来以后，对大臣们说，我以前想要的太多，让自己很辛苦。我本想通过克服欲望和杂念来追求道，结果也是不行的。现在我明白了，

“道”根本就不是人能够主动、刻意追求来的东西，只有顺应自然才能获取，然而，这种道理我能领悟，却没办法告诉你们。黄帝领悟之后，以顺道之心治理国家，二十年后，天下大治。

列子关于道非人情所能及的思想（“今知至道不可以情求矣”）未必公允，但它却准确揭示了以情害道、以欲干名（秩序）的现象。后世的无为之治，正与之异曲同工。

先王谦处居下

道家推崇“柔弱胜刚强”，所谓贵柔、处弱，反而更顺应道的趋势，能取得意想不到的效果。这一思想或源自上古社会的辞让传统。比如我们所熟悉的权力禅让，它取代了野蛮、粗粝的武力进化论，一度成为华夏文明重要的制度。

尧先后想把王位让给许由、子州支伯、子州支父，这些人都拒绝了。因为权力是不能承受的生命之重，会影响休息和健康。“夫天下至重也，而不以害其生，又况他物乎！”（《庄子·让王》）但是他们又暗示，像自己这样不看重权力看重生命的人，恰恰又是最适合治理国家的人，因为养生才是国家的根本，所以等于含蓄地赞许了尧的禅让是有眼光的。“唯无以天下为者，可以托天下也。”舜起初想把君位让给善卷，被拒绝后又想让给一个农夫，农夫也拒绝了，他非但没有感激舜，还带着妻子家眷落荒而逃。他认为，舜虽勤勉，但正因为勤勉所以境界不高，对俗事放不开。舜后来又想把王位让给他的朋友北人无择。结果被友人奚落了一顿，意思是你当初就是个圣洁无瑕的农民，你怎么会去结识前任元首尧的，结果还被送了王位，这不就是污点了么？你现在还想把我拖下水，太让我蒙羞了！于是，北人无择觉得自尊心受到极大伤害，下半生的名誉全毁了，立刻悲愤地跳下深渊淹死了。

周太王古公亶父更为典型。周人居于黄土高原的黄金地段，虎狼般的狄人来侵略。古公亶父问，狄人要干吗？“要兽皮和布帛。”古公笑笑：“给他给他。”没多久，狄人又来了。太王问，狄人又要干啥？“要猎犬和宝马。”古公摆摆手：“给他给他。”没多久，狄人还是来了。太王问，狄人又想要啥了？“要玉器。”话音未落，古公连眼睛都没眨：“给他给他。”过了许久，狄人慢慢从不相信到不拒绝到不承认再到不负责，终于明白了一个简单的道理，周人要么是人傻钱多求虐，要么是在赤裸裸讽刺我们的野心还不够膨胀、手段也不够毒辣。于是一大群疯狂原始人裹挟起弥漫整个高原的沙尘暴如蝗虫般从天而降。太王问，这次要的东西很贵重吧？臣子说：“不要东西，他们要咱腾地方。”“你们留下，我走。”古公亶父拄着拐杖走了。下面的剧情发展超乎想象。太王手下这批群众的素质达到新的高度。邠地的百姓泪流满面，人连着人、马追着马、车连着车跟随他，最终在岐山之下建立起一个新的都城。

百姓之所以愿意追随周王，也是为其言论所感动，“为吾臣与为狄人臣奚以异。且吾闻之：不以所用养害所养”。（《庄子·让王》）这句话讲的是很朴素的道理，但能讲出来却得有史诗般的气魄。大意是：做敌人（狄人）的臣子和做我的臣子不都一样活，你们老百姓又没啥损失喽，就让俺一个人伤心落泪吧。再者，土地是为供养百姓存在的，为了保留土地反而让百姓流血牺牲，这不是本末倒置嘛。

还有越国的王子搜。越国人连续杀掉了三代国君，下面要立王子搜做国君。他想自己继位以后估计也免不了“被驾崩”，吓得躲到了山洞里。无奈，越人用烟把他熏了出来。在壮烈就职前，王子搜拉着马车的绳索仰天大呼，国君之位啊，国君之位啊，你为何还是不肯放过我。在他眼中，权力就是负累！

《周礼》也有对辞让精神的推崇。也在一定程度上影响了道家思想的形成《左传》中记载，“让，礼之主也”。在春秋时人看来，礼仪的核心其实是辞让。《礼记》中说：“天子有善，让德于天；诸侯有善，归诸天子；卿大夫有善，荐于诸侯；士、庶人有善，本诸父母，存诸长老。”（《礼记·祭义》）让善、让德是上到天子下到百姓都应该坚持的原则。还说：“善则称人，过则称己，则民不争；善则称人，过则称己，则怨益亡。”（《礼记·坊记》）意思是有了功劳归于别人，有了过错承认是自己的，这样百姓方能不争，百姓间的怨恨也会日趋消亡。这正是《礼记》中天子乃至庶民们所努力达到的境界。

《易》藏朴守拙

要说哪一部典籍，更直观、详细地呈现了法天则地、取法宇宙自然之道的思想，理应推《易经》。《易经》被看作是群经之首。既是儒家思想的重要来源，也影响了道家思想的形成。易有变易之义，有人说是变色龙（蜥蜴）的比喻，也有人说是日月的组合，还有人说是占卜的官名和方法。不过，更确切的说法应该是占卜人对占卜工具数量的改变，比如不断地分手中蓍草。古人由最初火烤龟壳裂纹占卜到后来用更为简单高效的蓍草占卜，这里面都有符号来记录占卜的结果。其中，比较高级的方式，就是《易经》中的方法和符号体系，即八卦。

八卦，其实就是数字占卜的奇偶符号。分蓍草的过程，就含有效法宇宙天地的玄妙。蓍草一分为二，象征着一生二，即道生天地，中间再分出一束蓍草，放在中间，就是二生三，即天、地、人。再以四根蓍草为一组去除两边余下的蓍草，象征春夏秋冬四时。另外，八卦本身就是被古人想象为世界的八种基本物质：天、地、山、泽、雷、风、水、火。而更神奇的是，这八种物质其实两两相通，如雷与火、地与山、风与天、水与泽，对应的就只有四种：气、水、火、土。万物就是这样周而复始、不断变换，由简单到复杂，由复杂再到简单，这里面，就有道的运动，形的生发。无论怎样分手中的蓍草，最终测算的总有奇偶之分，即阴爻、阳爻，构成了八卦的基本符号，一切都是阴阳变化的结果。八卦就是我们古人法天则地的成果，自然宇宙太复杂，如果去效法，能不能将其简化。先人们找到了其中不变的规律，从而提炼化约，变成最直观易懂的符号。依照传说，八卦是藏在《河图》之中，上古时随着水中龙首龟身神兽出现的，被伏羲氏所用。后来周文王在被纣王囚禁于羑里的时候将其重新推演。更写实的记载是："古者伏羲氏之王天下也，仰则观象于天，俯则观法于地，观鸟兽之文与地之宜，近取诸身，远取诸物，于是始画八卦，以通神明之德，以类万物之情。"既然天地万物的规律都在卦象之中，那么古人就可以直接用它来推演吉凶，预测未来，因为这是合乎天道的。

《周易》中说："形而上者谓之道，形而下者谓之器。"这里是说圣人依据无形的"道"来观察有形之象（比如自然万物，比如人类创作的艺术形象、宗教偶像，如鼎上所篆神兽、动物……），进而铸造出各种器物。儒家从中看到了道与器的联系，强调人为的器物、制度、礼仪、文化的重要性，它们都是道的体现。但是道家则不同，他们从《周易》的道、形、器关系中看到的是"道"的变化万端、不可穷尽。老子等人很忧虑器对道的损害，他说得很清楚："朴散则为器，圣人用之，则为官长！"器物本身就是违背、有害于道的。老百姓为何制造、沉溺于器物，因为我们失去了天真和自然，所谓"朴"性散失消泯。而圣人因为能保持自然天性，所以只要他们使用器物工具，器物反而能发挥最大的价值。当然老子还是很现实地说，如果器不得不用，那么尽量不要过早地、刻意地暴露器的功用，所谓"大器晚成"。儒家是重因重果，既肯定道的崇高和本真，也相信器的价值。而道家则是反果是因，推诸根本，器、形都是不重要甚至是有害的，它们的价值在于以自身的虚妄、渺小、有限反衬道的真实、博大和永恒。

儒道对天地自然的深刻理解，就体现在《易经》之中，虽然结论不同，但都有对天地的信任和敬畏，也都继承了道器二分、相互转化的灵动智慧。

道家玄妙、灵动的思维，受《易经》的影响更明显。人们借助《易》来占卜吉凶、祸福、安危、进退这些结果，部分是因为《易》当中的内容包含大量对立又统一的概念。在《易经》重要的组成部分《系辞传》中说："作《易》者，其有忧患乎？"创作者深深地担忧，担忧什么呢？无非是福祸命运的难料，看似是好事，转眼间就是灾难。处于恐惧中，人需要预测，需要规避指导自己的行为。"《易》之兴也，其当殷之末世，周之盛德邪？当文王与纣之事邪？是故其辞危。危者使平，易者使倾。其道甚大，百物不废。惧以终始，其要无咎。"当年文王姬昌被纣王囚禁在羑里，亲眼看见儿子被杀，刀时刻架在脖子上。他推演易卦的过程中明白了一个道理，身处乱世，一个人哪怕危言耸听，也不是什么坏事。往坏处想，反而一个人能够因为谨慎而平安，一个人傻乐傻乐，最后容易倾覆于危难。这就是《易经》非常重要的处事原则。想想看，道家不也是这样么？

《周易》中说："初九：潜龙勿用。九二：见龙在田，利见大人。九三：君子终日乾乾，夕惕若，厉，无咎。九四：或跃在渊，无咎。九五：飞龙在天，利见大人。上九：亢龙有悔。"

灵动的思维外化为"龙"的形象，象喻君子。龙或潜伏，或显现，或飞跃，或一冲上天，这些都是依据局势变化而定。当局势不利，必须潜藏养晦。即便是处于顺境，也得终日警惕，勤奋不已。而飞到天空，位极人臣，也得当心过度膨胀，物极必反，所谓"亢龙"注定会有"悔"。如果说前文讲的是思维的辩证发展，那么这一段我们可以看作是士人、君子的处世。儒家强调进取、入世、有所为，甚至是知其不可而为之。孔子为此累得像“丧家之犬”，被守城门的人嘲笑。但是孔子也遵从《周易》的精神，知道“隐居以求其志”。心情不好的时候，人生也可以是一场说走就走的旅行。“道不行，乘桴浮于海。”而道家则更彻底坚决地把隐、退的哲学贯彻到底。身为国家图书馆馆长的老子看周室陷入混乱，果断骑青牛出函谷关，不知所终。庄子一生贫苦潦倒，却自在逍遥，楚王以国事相累，他却说，我宁可学那个在泥里爬的乌龟，也不愿意被供奉在庙堂上，混吃等死，精神空虚不说，还特别不自由！庄子在《逍遥游》中谈到隐士许由不贪恋王位，“鷦鷯巢于深林，不过一枝，偃鼠饮河，不过满腹”。权力、财富、争斗，对于一个自然、自由的生命体而言，不过是毫无意义的负累，何苦要狼奔豕突地去追求。

“乾道变化，各正性命，保合大和，乃利贞。”“大和”也叫“太和”，是《易》的核心理念之一。无论万事万物如何变化，最终都指向整体的和谐，所谓的利贞，指的是万物都能够获得利益，不会有一方特别地充盈，一方受到冷落或亏损。这种智慧在西方学者看来，是东方智慧突破西方哲学局限，弥补其不足的独特之处。法国当代哲学家、汉学家弗朗索瓦·于连对于《易经》有创造性的解读。他认为“群龙无首”，是吉卦，正充分体现了中国人所倡导的中和的人生态度，不偏不倚，不激进，不退缩。“所有的龙均‘志同德齐，相与为群’，谁也没有超过谁。”他从西方人的眼光看，《周易》的卦象，每一条都是平行线，长短相同，距离相等，任何一条线都好像没有和其他线分开，都不是孤立的，但也没有突出自己，压制别的线。他将自己对周易思想的研究著作起名叫作《圣人无意》，意思就是中国式的圣人、君子绝不会先入为主，以自己的理念为先去推测别人，影响别人，“六经注我”。

这种处世态度，在儒道两家这里我们都并不陌生。儒家叫作中庸之道、中和之道。而道家呢，简而言之，也就是一种“无为”。不敢为天下先，柔弱、不争、虚静，都是这个道理。道家相信，天道是平衡的，它终究是“损有余以补不足”。聪明的人处理再复杂的事情，就像摆弄一张弓那么简单，高的部分把它压低，低的部分就抬高。其实，这样的处世之道在老子生活的时代，甚至之前，已经有很大的市场，得到越来越多的人的接受，而并非是老子独创。这也正是《易经》等影响的结果。例如《说苑》中记载，当年孔子在周都城洛邑参观太庙，他看到台阶边上立着一个金人，金人背后刻着铭文，写道：

“古之慎言人也，戒之哉，戒之哉！无多言，多言多败；无多事，多事多患。安乐必戒，无行所悔。勿谓何伤，其祸将长。勿谓何害，其祸将大。勿谓何残，其祸将然。勿谓莫闻，天妖伺人。荧荧不灭，炎炎奈何。涓涓不壅，将成江河。绵绵不绝，将成网罗。青青不伐，将寻斧柯。诚不能慎之，祸之根也。曰是何伤，祸之门也。强梁者不得其死，好胜者必遇其敌。盗怨主人，民害其贵。君子知天下之不可盖也，故后之，下之，使人慕之。执雌持下，莫能与之争者。人皆趋彼，我独守此。众人惑惑，我独不从。内藏我知，不与人论技。我虽尊高，人莫我害。夫江河长百谷者，以其卑下也。天道无亲，常与善人。戒之哉！戒之哉！”

慎言、执下、内藏、卑下，这些为人处世的道理，已经被官方认可，极有可能深深影响当时的贤人智者。

二 老子

老子事迹的影响

老子是一个颇为神秘的人物，相较于孔子、孟子、庄子、韩非，他的生平记载有太多空白。古人、现代人，国人、西方人，一千个人眼中有一千个老子——从孔子眼中的飞龙般神秘莫测的先师，到外国人眼中无所不能的上帝先知。

老子名叫李耳，是周朝的管理王室藏书的官员。他的学说以修养道德、清静无名为要义。居周室已久，厌倦朝政，看到王室衰微，于是辞官而去。准备出函谷关的时候，关口守卫官员尹喜对他说："先生您将要归隐了，请勉强为我留一部著作，记录您的学说。"为了出关，老子就写下了《道德经》，共计五千余字，而他本人则莫知所终。

孔子特别崇敬老子，视其为出神入化的飞龙一般。《史记》记载，他曾经向老子问礼，老子回答他，你所问的礼仪，曾经的主张和践行者都已经成为冢中枯骨，只有只言片语而在，恐怕难以考证。身为君子，应该在得意时乘风破浪，落魄时蓬累而行，这才是最重要的活生生的礼。君子应该深藏不露，大智若愚，年轻人多收敛骄气和欲望，学会修身克己。

老子没有正面回答他，而是劝他把握比礼的条文更重要的东西，即去骄戒欲，做一个真正的君子。孔子深受启发，感叹道：“鸟，吾知其能飞；鱼，吾知其能游；兽，吾知其能走。走者可以为罔，游者可以为纶，飞者可以为矰。至于龙吾不能知，其乘风云而上天。吾今日见老子，其犹龙邪！”意思是，鸟儿能看见它们飞翔，鱼儿能看见它们游走，禽兽能看见它们奔跑。可以用网去捕获走兽，用丝绳去钓鱼，用箭射飞鸟，但是飞龙在天，御风而行，则是我无法看清探知的。老子的智慧德行就像是飞龙一般玄妙莫测。

虽然孔子尊老子为师，却不能掩盖道、儒思想上的巨大的差异。后世学者以此为依据，有了更多的阐发、附会。这一点在革命家、文学家章太炎《诸子学略说》中体现得最为明显。章太炎先生的说法有明显的夸张成分，但能看出老子、孔子之间的异同给后人以怎样的想象空间。

他认为，老子是个负责任、老实巴交又有点胆怯的老师。他的弟子孔子是个心眼贼多，城府很深的野心家。孔子把老子的学问、藏书骗到手，然后又不承认自己思想源于老子。老子害怕孔子会利用手腕、势力去篡改自己的学说，于是就发出了这样的感慨：万物生育下一代是自然规律，不可阻挡。弟弟出生了，哥哥就会怕失宠而哭泣。这里明显把孔子当作了防兄的“弟弟”。一边示弱，一边西出函谷关，因为秦地没有孔子的门徒，言论比较安全。这才写下《道德经》，阐明自己学说的精髓。章太炎说了句令人毛骨悚然的话，当年孔子和少正卯两个人争夺生源，后者门庭若市，前者门可罗雀，孔子利用权力诬告诛杀了少正卯。按照孔子这样的器量，要是老子在出函谷关前出版《道德经》，那他恐怕早就“被消失”了。

太炎先生以革命家的魄力与激进，把孔子刻画成阴谋家，褒老贬孔，恐怕有些过了。后人的戏说也好，“六经注我”也罢，都给老子增添了层层神秘感。这种神秘只会让他的形象愈发充满了魅力。如果我们放眼异域，会惊讶地发现，老子一度成了西方人眼中的东方圣徒，他的神奇被传颂。

据说最早向西方人介绍老子的是明代来华的意大利传教士利玛窦，他告诉欧洲同胞，老子其实和孔子一样有名，他也是一位伟大的哲学家。他为什么叫老子，因为他在娘胎里待了八十年，孕育时间很长，未出生先已老，所以叫老子。没错，你没有幻听，他就是这么说的。而且他还很确信，老子没有留下任何著作。

17 世纪，比利时汉学家、传教士柏应理认为，老子的主张“道生一，一生二，二生三，三生万物”其实体现了对一神即上帝的崇拜和体认。后来一个叫白晋的传教士，干脆认为，老子的观点体现了中国古人对基督教“三位一体”的某种间接领悟。总之老子是上帝的先知。传教士的添油加醋一旦传开，产生了两个后果：一个是老子在欧洲人心目中的地位提高了，从柏林到罗马，从布鲁塞尔到里斯本，老百姓侃大山可以扯一点道家以显示文化素养；另一个就是“老子很忙”，他快成了耶稣的使徒，凡是《圣经》中标注过的地方，好多都留下了关于老子的动人传说。

欧洲学者推断，老子出关所谓“不知所终”，其实是去了叙利亚和巴勒斯坦。因为有“出关化胡”的说法，雷慕莎认为，所谓“化胡”，“胡”字的范围很大，去中东是有可能的。施特劳斯推测，当年犹太人在以色列灭国以后，逃到了东土，其中的先知和老子碰上了，把《旧约》的精神传达给了他，于是，老子作为上帝未被记载的先知，创立了道教。文学家黑塞的父亲老黑塞就曾经写过一篇文章，把老子称作是基督降生以前的真理传递人，难怪小黑塞对东方文明情有独钟。老子游历域外的说法，自然是荒诞不经，欧洲汉学家其实是借助这样一种牵强的解释，迎合西方读者，来推广老子哲学，使其在欧洲普及。

不过抛去宗教这层外衣，老子的形象对西方影响之深，可以说是“墙里开花内外皆香”。从20世纪80年代到现在，《道德经》的德语译本已经有百种之多。至于养生、健康、心灵鸡汤式的老子研究心得，更为普遍。德国社会学家马克斯·韦伯写《儒教和道教》，承认老子研究是20世纪初学术界的一大时尚。而我们中国读者熟知的斯宾格勒的《西方的没落》一书提出西方中心论破产，受其影响，大批学者开始转向东方，转向老子，寻求疗救之道。其中比较有影响力的汉学家卫礼贤把老子看成中国诸子百家中最独特的一位，认为他的思想不是哲学家这个称谓能够涵盖的，前者旨在提出一种完整的、体系化的价值观、世界观。而老子则把人类引向更深刻的生活方式和精神境界。

回到中国，古人对老子学说的痴迷不论，单是研究就是浩如烟海。这里面有太多复杂的思想和争议。老子思想见诸《道德经》。现今通行的版本中，王弼本、湖南长沙马王堆出土的帛书本以及湖北荆门郭店出土的竹简本最有影响。这些版本之间存在着许多差异。

阅读老子，或许就是在迷雾与岔路中穿行的过程。

道德思想之本

老子著作叫《道德经》，分为《道经》和《德经》两篇。其思想的起点就是尊道崇德。那么老子所谓的“道”是什么，“德”又是怎么回事？

道是万物的起源，先于万物存在，并且在万物中体现，二者不可分离，在万物生长、演变、毁灭、重塑的过程中处处有道的作用和影响。道很难被视作一个对象，用言语、概念去表达，“视之不见，名曰‘夷’；听之不闻，名曰‘希’；搏之不得，名曰‘微’。此三者不可致诘，故混而为一。其上不皦，其下不昧，绳绳兮不可名，复归于无物”（《道德经》十四章）。“夷”即无色，“希”即无声，“微”即无形，“皦”意思是光明，“昧”意味着昏昧，“绳绳”形容它绵延不绝，没有头绪。道之上端没有光明，其下端也不晦暗，绵延不断，看不清楚开始和结束。这就是“道”！它很难用知觉去把握，很难规定它是什么。如果把它看作是“无”，就又陷入另一个误区，因为“无”本身是确定的，它有界限，是“有”的反面。道又超出了“无”的范畴。总之，我们似乎不能说“道”是什么，只能说“道”不是什么。老子自己这样说：“吾不知其名，强字之曰‘道’，强为之名曰‘大’。”（《道德经》二十五章）。用“道”的概念来表达“道”，只是姑且为之，不能说明道就是言语和概念所能限定的。老子这里所谓的“大”，或许更好的解释是无限、无尽。

“道”是如此玄妙、虚空、高蹈、无限，而我们的生命如此渺小、卑琐、现实，似乎离它太远。这样想，未免太肤浅了。正因为道无限，生发万物，所以我们的生命即道所生，我们的经历即道所运。作为道的一部分，我们纵浪大化之间，起伏坎坷，皆循道之轨迹。躲避道、无视道，就是看不清自己，是世间最大的瞎子，最可笑的笨伯。从某种程度上说，“道”落实在万物，乃至我们每一个生命个体身上，就可以称之为“德”。

《管子·心术》这样理解“德”，在天为道，在物为德，二者更像一个硬币的两面，针对不同对象，说法不同，所以道与德有时亲密无别。宋徽宗说得更清楚，德是道的具体显现：万物所依据的是道，而道在我身上的体现就是德。（《御注西升经序》）这样看来，德更接近于人的自然本性。

换句话说，体悟“道”，就必须要有对自身之“德”的回归。通俗说就是要复返天性。既然道生万物，那么理所当然地，万物自然要蓄德。“‘道’生之，‘德’畜之。物形之，势成之。是以万物莫不尊‘道’而贵‘德’。‘道’之尊，‘德’之贵，夫莫之命而常自然。”（《道德经》五十一章）老子认为，多数人不能体道，更不谈蓄德、贵德，是因为他们被感性、理性、语言、智识等遮蔽，无视自身之天性。而相反，一个蓄德之人，正因为他脱离了这些日常人们习以为常、认为天经地义的世俗器用，所以反倒显得特立独行，甚至怪奇畸零。老子认为世俗之人都聪明亮眼，而我则愚蠢昏昧。别人都苛刻较真，唯独我木讷呆笨。我的浑噩体现了道如同大海般的辽阔，如同大风一般的无际无止。众人都有擅长精通的本领，然而我顽固浅陋，一无所长。就因为我与众不同，从而能够专享大道的滋养。（《道德经》二十章）

在老子生活的时代，就有许多这样“我独昏昏”的另类。道家经典《列子》记载了高士林类的故事。林类年近百岁，在路边拾穗歌吟。孔子看见，认为是怀才不遇的高士，让子贡前去探问。子贡奚落他，说他年少时不努力勤奋，壮年时又荒废时间，一辈子没有娶妻生子，现在年老将死，有什么快乐可言，还有什么心情边走边唱？林类笑着回答说，正因为年轻时不努力、不用功，所以反倒是养生惜命了。正因为没有机遇，不用担当大任，所以少了太多烦恼，故而长寿。也正因为是孤寡老人，马上要死了，所以才高兴。子贡听懂了前半句，后半句不理解。他反问，人都想活得长，你快死了，为何还高兴。从此生这个角度看，死是悲伤的，换一个超越此生的角度看，死未尝不是新生的开始。从此生来看，生比死快乐。超越此生此世来看，过往的生就这么值得留恋么？子贡告诉孔子这番话，孔子是很佩服的。

林类未必是道家中人，但他的思考着实体现了《道德经》的精神。“道”是广阔无限的，此生的喜怒哀乐、成见傲慢，何尝不是井蛙之见。当一个人超脱世俗的标准，重新看待自己的生命，顺性而为，不拘于物议，就会变得无比通达。这就是体天道，蓄己德。

这种通达在庄子身上体现得更为鲜明。“庄子妻死，惠子吊之，庄子则方箕踞鼓盆而歌。”（《庄子·至乐》）庄子发妻去世，惠施去吊唁，他居然发现庄周正放肆随意地箕踞而坐，一边敲打瓦缶一边放声歌唱。惠子批评庄子，妻子和你相守那么久，为你生养，操劳到死，你不哭也就算了，居然还高兴地歌唱，太过分了！庄子说：“生命本不曾出生，也不曾有形体和元气。是在恍惚混沌之中变化产生了生命、形体、元气这一切。如今，变化再次发生，只是这一次是回到死亡之中，这就如同四季的运行。死去的人安卧于天地之间，我却为之悲伤痛哭，这是不通达天命的愚蠢表现。”庄子认为生命“察其始而本无生，非徒无生也，而本无形，非徒无形也，而本无气”，这一点远远超越了林类。如果说，后者不为死悲，是因为有新生的期待，“安知不生于彼”，他实际还是更认可生的价值。而庄子则看透生死的差异，将二者等同视之。因为生死都只是道的运动。

人应该“杂乎芒芴之间”，在混沌中不拘泥于生死一隅。用回归自然、顺放天性的喜悦来超越世俗的悲伤。

尊道贵德，万物莫不通达，不为物役，混混沌沌，超凡出世。因为通达，故而成其为智。因为不役，故而成其为勇。因为混沌，故而守拙坚定。又因为超凡，故而境界开阔。这样的人，是为圣人。一个体现道之行、德之性的高士，即道家所谓的圣人。那么，如何能成为道家理想的圣人呢？

体道者为圣人

在孔孟之前，无论是《尚书》，还是《周易》，“圣人”一词都用得不多。倒是《周易》中经常提到“大人”，有点类似于通天命的圣人的意味。真正大量使用“圣人”说法的，恰恰是老子。无论是王弼本、马王堆帛书，还是郭店出土的竹简，“圣人”所占的篇幅都不小。

老子所谓的圣人，与其说是道德人伦的典范，兼济天下、肩负天命的君王或贤人，不如说更像是一个返璞归真的自然生命。他能够摈弃外在的束缚，比如名利、礼法、等级、荣辱、智愚等，回归真性。《说文解字》中将“圣”解释为“通”，意思是精通，“圣”可以是精通普遍的真理，宇宙的规律，即无形而无所不在的“道”，圣人就是在这个意义上站立起来。一个与道同一的人，就是精通万物之真理的人。

为什么对“道”的体认就必须要摆脱世俗的束缚呢？这是由道的特征决定的。老子对宇宙万物的生成有自己的构想。万物起源于“道”（Tao），并在运动发展过程中遵循其变化规律。王弼对老子的解读中，“道”作为宇宙本体，就是“无”，“无”生发出“有”，再从有生发出万物（阴、阳、气、水、天、地等）。世界就是从无到有的过程。“天下万物生于有，有生于无。”（《道德经》四十章）。无在前，有在后。这种记载和解读影响了后世上千年之久。但这种说法可能不准确。据后出土的郭店竹简本记载，后一句的“有”字是后人附会添加的。《道德经》的原文应该是“天下万物生于有，生于无”。所以，宇宙的本体，道的本来面目，应该是有无交杂，似有似无，混沌的状态。“万物都在有无相生的状态中产生（二生三）。”（陈鼓应《老庄新论》）

这样看来，道既不是无，也不是有，是我们的经验很难去直观和把握的，是独一无二的本体。所以，世俗人眼中的大、小、多、少、贵、贱，这些都是人所看重、认知的事物，哪一样能够穷尽道的本质呢？通“道”的圣人，怎么可能会被这些外在的东西迷惑了双眼呢？要把握这样无限、玄妙的道，圣人就应该虚怀若谷。老子认为，圣人广博的胸怀能够理解、包容各种声音，对各种现象有体察和接纳。

“圣人常无心，以百姓之心为心。善者，吾善之；不善者，吾亦善之；德善。信者，吾信之；不信者，吾亦信之；德信。圣人在天下，歙歙焉，为天下浑其心，百姓皆注其耳目，圣人皆孩之。”（《道德经》四十九章）这里的常无心，指的是看问题不带成见，更没有主观的标准和执念。作为地位、才智占据优势的一方，圣人时刻不唯己是从，而是推究他人的意愿、依据实情来调整看法。要做到这一点，他需要无比包容，别人认为好的，他认为好，别人认为不好的，他也要认为好。无论什么样的人，都要以孩视之，倾注关爱。而要最大限度地包容天下，他又必须让内心浑朴，把自己的立场、经验、欲望降到最低。

这样博大的心胸远非常人所能企及。因此，古人将“常无心”作为道家修为的至高境界，推之世俗，品鉴人物，高下立现。俗话说，宰相肚里能撑船。古人评价明君贤相的一大标准，就是宽容温厚，克己去私。这多少需要些道家的修为，能做得好的，也堪比半个圣人了。

汉初，丞相萧何与将军曹参“有隙”，萧何临死时，却只推举曹参为相，因为曹参在齐国任丞相时，奉行黄老之术，清静无为，国家大治，广受赞誉。萧何出于公心将私人恩怨搁置，令人钦佩。曹参入相后，更是将“无常心”发挥得淋漓尽致。萧规曹随，完全遵守萧何制定的政策、制度。曹参从齐国去长安履职以前，特别叮嘱齐国继任的丞相，“以齐狱市为寄，慎勿扰也”。意思是不要去侵扰都城中大的集市，因为那里是作奸犯科之人藏身之处，要给予其足够的空间，否则天下会扰乱。能容异己，能恕奸人，这是道家标榜的圣人心胸。

宋太祖南征北战，攻城略地，却不嗜杀人。对于敌人，颇多宽容。《曲洧旧闻》记载：赵匡胤派兵征江南，告诫主将不可滥杀无辜：“江南本无罪，但以朕欲大一统，容他不得，卿等至彼，慎勿杀人。”久攻不下，主帅上奏，说非常时期，不杀不足以立威。赵匡胤回复曰：“朕宁不得江南，不可辄杀人也。”后来征北汉，在太原誓师时说：“朕今取河东，誓不杀一人。”有一次，赵匡胤的车经过大溪桥，有刺客袭击，箭中御车黄伞。面对惊魂未定的禁卫，太祖拍着胸口笑着说：“教他射，教他射。”回宫之后，臣下启奏捕杀刺客，他置之不理，不了了之。明君治天下，不在意个人的喜好得失，更看重的是天下民心所向，时局利益所求。这样的治道，正是道家所追求的。

圣人之心：童真

为圣人，需“无常心”，要做到无常心，则需要为天下人“浑其心”。简而言之，就是做到内心的返璞归真。什么样的心灵是最真挚、赤诚的？老子有非常形象的比喻，即婴孩。

“含‘德’之厚，比于赤子。毒虫不螫，猛兽不据，攫鸟不搏。骨弱筋柔而握固。未知牝牡之合而朘作，精之至也。终日号而不嗄，和之至也。”（《道德经》五十五章）道德修养深厚的人，就好比出生时周身通红的婴孩。蜂虫毒蛇不敢螫他，猛禽恶兽不能搏击他，他筋骨柔弱，但拳头却握得很稳。虽不懂男女交合之事，但他的小生殖器却自然勃起，这是因为精气充沛。整天啼哭，嗓子却不会沙哑，因为中和之气浑厚纯正。赤子最接近自然，最能体道，他的“德”就表现在天真、纯和上，或者换句话说，他不懂得“欲”，没有过多的妄念和追求，一切都是出于淳朴。因为无知、无为，与周围的自然浑然一体，就不会有野兽注意到他，所以身处毒蛇恶禽环绕的险境之中也坦然自若。因为刚刚出生，精气充沛，没有欲念、思虑的损耗，所以生机勃勃，即便是哭号也不会伤身。

老子把理想的生命状态比作婴孩，“众人熙熙，如享太牢，如春登台。我独泊兮，其未兆；沌沌兮，如婴儿之未孩”（《道德经》二十章）。别人都嘻嘻哈哈、吵吵闹闹如同参加宴会一般，而我独享淡泊，就像是什么都没学会的婴孩。熙熙，指的是放淫多情欲也，而太牢（牛羊猪）则是美味，人们总也吃不够，饱了还会再想，可这些成人的庸俗快乐对婴儿来说，都毫无意义。

人们津津乐道于老子“复归于婴孩”的智慧，可运用起来，却是千差万别。有的人将其运用为扮猪吃虎、装疯卖傻的韬晦之术，在权势争夺中用尽筹码。如晚唐“中兴”之主，有“小太宗”之美誉的宣宗李忱。《旧唐书》记载：

“帝外晦而内朗，严重寡言，视瞻特异。幼时宫中以为不慧。……常梦乘龙升天，言之于郑后，乃曰：‘此不宜人知者，幸勿复言。’历大和、会昌朝，愈事韬晦，群巨游处，未尝有言。文宗、武宗幸十六宅宴集，强诱其言，以为戏剧，谓之‘光叔’。武宗气豪，尤不为礼。及监国之日，哀毁满容，接待群僚，决断庶务，人方见其隐德焉。”

另有《太平广记》记载：

唐宣宗在藩时，常从驾回，而误坠马，人不之觉。比二更，方能兴。时天大雪，四顾悄无人声。上寒甚，会巡警者至，大惊。上曰：“我光王也，不悟至此，方困且渴，若为我求水。”警者即于旁近得水以进，遂委而去。

宣宗做藩王的时候沉默寡言，木讷呆板，年幼时就被宫中之人视作“痴儿”。文宗、武宗在位时经常邀请他来出席宴会，目的是调笑他，拿他说的话取笑。由于他是皇叔，又被封为光王，所以人们戏称他为“光叔”。特别是武宗对待自己的叔父更是百般刁难。甚至于从驾落马，在大雪中几乎冻渴而死，竟然也没有一个人注意到。等到武宗去世，宦官为了控制朝政，立这位木讷的王爷为君。没想到短短几天时间，他的处世决断就令人刮目相看。通过这则史料我们能对这位王爷的心智窥见一二。

梦见乘龙升天，就告诉母亲，说明这孩子的心智和野心抱负不亚于常人，而听从母亲的告诫，懂得继续装傻，蒙骗了权臣和皇帝，保全自己，继承王位，这则是非同常人的成熟了。

然而这样的“痴儿”之术终究只是对道家思想的庸俗化。真正的赤子之心体现在困境中的洒脱与乐天，颠沛流离中的通透、不羁。

子瞻在黄州……每旦起，不招客相与语，则必出而访客，所与游者亦不尽择，各随其人高下，谈谐放荡，不复为畛畦，有不能谈者则强之说鬼，或辞无有，则曰：姑妄言之。于是闻者无不绝倒，皆尽欢而后去。设一日无客，则歉然若有疾。(叶梦得《避暑录话》卷上)

苏轼被贬黄州，每天起来就是找人说话，无论是贩夫走卒，还是清人雅士，都是他交心倾诉的对象。有的人不善言辞，就强迫他多讲几个鬼故事，实在没有东西可说，就瞎编几段妄言作谈资。一天没有人说话就像是谁欠了他什么，无精打采，郁郁不乐。苏子不仅仅是像个孩子一样想听鬼故事，还喜欢玩打水漂。

吕祖谦《卧游录》记载：苏子瞻初谪黄州，布衣芒屦，出入阡陌，多挟弹击江水，与客为乐。每数日必一泛舟江上，听其所往，乘兴或入旁郡界，经宿不返，为守者极病之。

苏轼被贬黄州做团练副使，罪臣的身份使其被看管，形同囚犯。他时常出入乡间，除了挟弹击水取乐，还每隔几天独自泛舟出游，随江水四处漂流，极富孩童野趣，却使得看守的人提心吊胆。

然而，世间人往往于蝇营狗苟中丧失童真。心机和欲望使得生命在殚精竭虑中空耗，甚至招来了横祸。《道德经》五十章中这样说：“生之徒，十有三；死之徒，十有三；人之生，动之于死地，亦十有三。夫何故？以其生生之厚。”意思是长寿的人占了十分之三，短命的占了三成，而本来可以活得长久，却自己走向死路的，占了三成。为什么？因为“生生之厚”，即奉养过度。人的欲望总是被纵容，伤残了身体。老子做了个形象的比喻，犀牛平时不用角，老虎也很吝惜自己的利爪，兵器也应该收起刀刃锋芒，为什么？因为它们一旦亮出，意味着死亡和危险来临。换句话说，人们如果“不寿”，往往就是因为不懂得见素抱朴，因为过度的心机暗算，争权夺利。

《史记》中《魏其武安侯列传》一篇写武安侯田蚡由盛而衰、机关算尽的权力人生。田氏仗着自己是王太后的弟弟，汉武帝的舅舅，趁着窦太后去世，魏其侯窦婴失宠的机会上位，担任丞相。他不顾及年轻皇帝的感受，指手画脚、任人唯亲。先是强迫皇帝将其狐朋狗友提拔为两千石以上的官吏，又要求将考工署化为自己的住宅。惹来皇帝的极度不满。而后又密告灌夫在颍川不法，借此打击窦婴，又被后者抓住接受淮南王贿赂的把柄，在狼狈中和解。傲慢的田蚡最终以大不敬为理由弹劾灌夫，借助王太后的势力将其诛杀，又以窦婴免死诏书无凭据，涉嫌伪造为由，欲置对方于死地。一时间朝野上下乌烟瘴气，两派人物剑拔弩张。

“或闻上无意杀魏其，魏其复食，治病，议定不死矣。乃有蜚语为恶言闻上，故以十二月晦论弃市渭城。其春，武安侯病，专呼服谢罪。使巫视鬼者视之，见魏其、灌夫共守，欲杀之。竟死。”汉武帝本不欲杀魏其侯，但朝廷针对他的流言蜚语甚嚣尘上，导致其最终被处死。这里自然是有田蚡的处心积虑在，因为春日大赦，故抢在十二月将其诛杀。春天，田蚡因心病而着了魔，看见窦婴、灌夫来索命，惊惧而死。田蚡本是个小人物，因为幸运鸡犬升天，却不知谦和节制，傲慢狂妄，贪婪骄纵，机关算尽，最终长期党争所带来的忧虑惊吓让他一命呜呼。

老子所谓守护拙朴之心，需要做到绝圣弃智，绝巧弃利。或许人不能永远保持真纯，但不做欲望的奴隶，放下虚假的面具，这难道不是自然人性的诉求么？

圣人之德：玄德

圣人有童真之心，化而为德，即为虚己。避免锋芒暴露，不去干涉他人，必要时隐藏自我，善处下位，这是道家强调的智慧。这一点也是由“道”本身特性决定的。

在老子思想中，“道”并不因为自身的地位和重要而破坏、影响它所生成的万物。它能化育万物却不占有万物；驱动世界周而复始，却不会滞留片刻，居功自恃。在自然界，最能够体现“道”的精髓的，是“水”，“上善若水，水善利万物而不争。处众人之所恶，故几于道”。(《道德经》八章）水能滋润万物，但是水可以流动消失，不与万物争夺利益。水可以流向夹缝中、污浊处、险恶地，所以水无所不在，异常强大。海水能够成为百川汇聚之所，也是因为海居于低处，可以包容万物。

与“水德”相似的是人的“玄德”。所谓“玄德”，即“生之畜之，生而不有，为而不恃，长而不宰，是谓玄德”。圣人凭借能力，可以做到护养生民，所谓“生之畜之”，却又能“为而不恃，长而不宰”。不居功，不炫耀，更不为一己之私强迫他人，占有他物。《道德经》三十八章云：“上德不德，是以有德；下德不失德，是以无德。”上等之德从不以德为名彰显自己，所以有德。而下德时刻不忘记标榜自己，所以最终仍是无德。

历史上自矜功伐的“不失德”者比比皆是，可惜功业名声多数难以持久。如淮阴侯韩信。《史记》记载：韩信被贬淮阴侯后，日夜闷闷不乐，对身份落差难以接受。一次拜访樊哙，后者跪拜送迎，以臣自称，仍称信为大王。韩信没有领情，而是自嘲说，我今日竟然与樊哙之流为伍。刘邦曾问韩信，自己最多可以带多少兵？韩信说，陛下最多只能带十万。刘邦再问，以君之能，可以带多少呢？韩信回答，多多益善。刘邦笑言，既然你那么有能耐，为何会为我所擒？韩信只能以刘邦善带将，天授君运来应付。韩信不懂得审时度势，看不起与吕氏有姻亲关系的樊哙，在刘邦面前大肆炫耀自己的将兵之才，不顾及皇帝的脸面，这都是恃其功不知虚己谦退。他因收留刘邦的眼中钉钟离昧，激怒刘邦，被剥夺军权，贬为淮阴侯。其后又牵涉谋反被吕后萧何诛杀。

与之相反的是范蠡。《国语》中记载他功成之后的急流勇退：

范蠡帮助越王勾践灭吴之后，辞去功名。他的借口是君王当年受辱，自己没有死去，有愧臣子之义，现在辞官也是为了谢罪。勾践自然不会相信，他极力挽留，开出的条件是与之分享国家，同时威胁，不答应就诛灭其全家。范蠡的回答很坚决——“您下您的命令，我做我的决定。”于是泛舟而去。越王感念其恩德，命令臣子朝拜，并为其圈留封地。这就是虚己而尊的范例。

范蠡有虚己之行，而列子则是道家中堪称“虚己”典范的圣人。范蠡有功而不恃功，而列子则可以做到将平凡人心中最基本的利害、是非都抛弃。

皇甫谧《高士传》记载：尹生向列子问道，十次往来，却没有得到一句真传。“尹生怼而请辞，列子又不命。尹生退数月，意不已，又往从之。”尹生像一只愤怒的小鸟飞来飞去，列子则是一块干枯的木头不动声色。看着他心有不甘的样子，列子开口问道，你怎么一会来一会走，烦不烦？

尹生说：“先前向您请教，您不理睬我，但我实在是舍不得这个学习机会，故又腆颜拜访。”列子笑道：“我先前以为你是通达之人，没想到你如此愚蠢。来给你讲讲我当年怎么向老师老商子学道的。”

列子说自己求学的前三年，心里不敢想学问的是非对错，嘴上不敢说自己的得失利害。这样坚持下来，老师才肯斜着眼看一下。五年以后，心里和嘴上已经不怎么计较是非、利害了。老师看我这样虚怀若谷，才开始对我喜笑颜开。而到了七年之后，心里根本就没有什么是非、利害的观念了。老师这个时候郑重地把我领到身边，和我并席而坐。你现在急着得我的真传，时机还没到呢！翅膀没硬就想飞，可能吗？

虚己的至高境界，是泯灭其名。老子认为，圣人能够做到晦其身，乃至秽其身，以此来避免名显，功耀。“挫其锐，解其纷，和其光，同其尘，是谓玄同。”（《道德经》五十六章）圣人不露锋芒，调解与他人的纷争，与世俗混同，这是最深奥的玄妙之道。“和光同尘”后来就指与世无争的处世态度。这个度不好把握。明代刘基讲过一件事，有个叫贾性之的读书人专门在萧山闹市区辟了一个书斋，围墙里三层外三层，道路与街道不通，径路宛转、户庭清谧，弄得神神秘秘的。他很得意，给书斋命名为“市隐斋”，意思是“大隐隐于市”。还委托刘基写一篇记。然而刘大人不解风情还泼了一桶的冷水。他的意思是，大隐隐于世，为什么隐居最好选在市朝，因为集市是争利锥刀之处，这些地方最容易藏污纳垢，所以贤人君子都唯恐避之不及，君子与这些贩夫走卒在一起，甘心声名污秽，这样才能真正不被人所注意。贾君深居简出，满地大排档，就你们家独门独院是别墅，人家反而更注意你，甚至觉得你是在刻意显摆。“虽然，夜光在深山，人莫得而见也；出而投之瓦砾之间，则庸人孺子皆识之矣。今君居于市而不与市人同其行，吾惧其欲晦而愈彰也。”（《贾性之市隐斋记》）这好比夜明珠藏在深山里面，人们都没有机会见到。但把它扔进瓦砾堆里，孺子庸人都能认得出。

圣人之行：守静

道家的虚己心态，转化为行动的无为守静。圣人需要在处理事务的过程中，自始至终保持对强势参与、积极干涉的克制。你似乎在影响着人事，但又无迹可寻。圣人以治国、平天下为己任，就先以治国为例。“治大国，若烹小鲜。以道莅天下，其鬼不神。”(《道德经》六十章）治理大国就像烹制精致的小菜一样。烧菜的时候，火候要准，不能过度。味精、酱油都是调味料，如果食材本身就很鲜美，放那么多调味品，就会影响它本来的味道。翻炒、焖煮是为了入味，一条小鱼反复去折腾，肉翻烂了，烧煳了，这还怎么吃。所以，无为不是不作为，而是怕毁了事物的自然之性，阻碍了事物变化的自身规律。这样的话，阴阳合顺，鬼不起作用（阴气受抑制）。

将这个比喻具体推诸治国理政，老子是这样说的。《道德经》五十七章云：“我无为，而民自化。我好静，而民自正。我无事，而民自富。我无欲，而民自朴。”安民、富民、教民，只要做到一条，就是统治者不折腾，给百姓以足够休养生息的余地。“民之饥，以其上食税之多也，是以饥。民之难治，以其上之有为，是以难治。民之轻死，以其上求生之厚，是以轻死。”（《道德经》七十五章）百姓为什么饥馁，因为君王的赋税多。为什么作奸犯科难以治理，因为君王的法令严苛。为什么百姓为了贪欲敢于铤而走险，因为君王贪求享受，生活奢侈。相反，如果百姓甚至感觉不到君王的存在，这样的君王才是圣君。如果尊重、赞誉君王，那就略次一等。而如果被百姓敬畏或者害怕，这就不是好的君主了，最差的是被百姓在背地里轻视、咒骂的君主。这就要让百姓获得自然的生活状态，自发、安适地实现国家的和谐和稳定。

君与民互不干扰的同时，民与民自然也不应争斗。老子理想的社会状态是小国寡民。“虽有舟舆，无所乘之；虽有甲兵，无所陈之；使民复结绳而用之。甘其食，美其服，安其居，乐其俗。邻国相望，鸡犬之声相闻，民至老死，不相往来。”老百姓恢复到结绳记事的自然状态中，代表虚静的心态。舟车不用，也就没有交往的可能。甲兵不用，自然失去了争斗的机会。就算相互看得见也不往来，大家安居乐业。（《道德经》八十章）“不尚贤，使民不争；不贵难得之货，使民不为盗；不见可欲，使民心不乱。”（《道德经》三章）消除等级，消弭贵贱，泯灭欲望，百姓就能不争，国家则不乱。

如何使民不争，这需要圣人的政治智慧。这仍然还需要“无为”之术。治中有不治，行动中有虚静。以西汉丞相陈平为例。汉初陈平以道家精神自省。他临终前曾感慨：“我多阴谋，是道家之所禁。吾世即废，亦已矣，终不能复起，以吾多阴祸也。”（《史记·陈丞相世家》）阴谋算计、心机诡诈是违背老子清静无为之道的。他担心日后家道中落，子孙不济，不能长保安泰富贵。实际上，陈平的心机固然不为道家所容，但其一生的谋略，也多有无为虚静的痕迹。

当年周勃当丞相，文帝问他一年国家处理多少案件，一年收成大致多少。周亚夫打仗在行，对这些却一问三不知，紧张得汗流浃背。文帝很不高兴，问身为副相的陈平。陈平却反驳道，陛下问丞相这些问题，本身就是不专业的表现。

文帝接着问，“这些问题应该问谁？”陈平说：“如果是断案，责成廷尉，如果问年谷收成，就应该问治粟内史。”文帝就不耐烦了，他问你作为丞相，到底管什么呢？陈平说，丞相应该管的是人事的任命。丞相应当辅佐天子顺应阴阳四时的规律来治理国家，抚育万物子民，镇抚四方诸侯，使天下百姓归心，文武百官各司其职。文帝乃称善。案件、收成都是丞相下面具体部门去负责，丞相最重要的职责其实是用人、推人。这里面既有职责明确、不越界的法家原则，也有反对事必躬亲、节制有为的道家胸怀。

北宋名相赵普，在办公室屏风后放置两口大缸，只要看到臣子上的公文有牵涉利害处，都把文牍投入缸中，“满即焚之于通衢”。（罗大经《鹤林玉露》）堆满了拿到大街上烧掉，就是怕朝廷政策激进，纷争不断。在宋朝开国之际，这样的清静之道自有它的价值。无独有偶，北宋名相李沆在任，憎恶浮躁争斗之风，特别反感官员背后互相议论长短。秘书监胡旦贬谪商州，听说自己的老同事升任参知，觉得复起的机会来了，就寄贺启给李公。文中大批历任宰相的不是，目的就是要烘托李公的英明过人。参政老吕在其位不谋其政，参政老郭喝酒误事，参政老辛乃扶不起阿斗，还有那个天子神烦的老陈，刚上任被斥退。只有您是天纵英才，可以大展宏图。李沆看了很生气，让下人把这封信扔进竹筐里，他说：“乘人之后而讥其非，吾所不为，况欲扬一己而短四人乎？”终其在任，始终没有复用胡旦。

老子的“无为”赢来的也未必全是赞誉。后人争议比较大的一点，就是老子的清静之道，与民自化，会不会放弃对百姓的引导，反而使得百姓陷入愚昧之中。因为民智未开的情况下，淳朴的天性也可能会被误导陷入盲目。《道德经》六十五章中甚至有更尖锐的提法——“古之善为道者，非以明民，将以愚之。民之难治，以其智多。故以智治国，国之贼；不以智治国，国之福。”干脆提出统治者要“愚民”。客观来讲，这里的“愚民”不仅仅是为了好治理，若仅仅是这样，就无异于法家之术了，它有更大的语境，就是圣人本身也是“无为”的，抑制百姓的机巧和主见，其实是防止百姓“有为”，滋生事端，徒增负担。老子是怕百姓陷入功利，破坏社会的和谐，失去自身自然纯真的天性。如果圣人大有为，百姓无为，国家或许会陷入强权和专制，所谓君强民弱。但是圣人既然已经以垂拱姿态示人，不干涉百姓，那么此时百姓表面的“痴愚”“懦弱”则绝不是一种弱势，而只是其淳朴天性的延伸，国家和谐、安稳的表现。就此而言，“无为”既是保护民心，又是在影响和教化民心。

除了政治，清静无为亦可运用于个人修养。求学问的读书人，不为官的高士，都可从中获取精神力量。南朝名士沈麟士出身名门，学富五车，聪颖过人，却不以做官为志向，好与古人神游。一生居乡野，谢绝上官的数次征召，甘于清贫，一边诵读诗书，一边编织帘席。世人称他为“编帘先生”。一生笃学，唯一爱好就是读书钻研经典，唯一的娱乐是弹奏素琴，只奏古乐，不为新声。晚年遭大火，家中千卷典籍被焚烧，八十岁高龄，仍然耳聪目明的他竟然耐心重新抄写，把纸头反过来，映着微弱的烛光，密密麻麻写满了小字。最终又抄写成了两三千卷，装了满满几十箱。人们认为，就是因为他的清静养身之道，才能如此心境平和，临乱不惊，遂成常人难成之事。

圣人之性：柔弱

老子推崇“弱德”。他以水为类比：“天下莫柔弱于水，而攻坚强者莫之能胜。”水柔弱，但水具有无孔不入的渗透力和不可摧毁的韧性。进一步看，水之所以能够以柔弱胜刚强，是因为水善利万物而不争，处众人之所恶，这种低弱的姿态，使其可以包容一切，同时有足够的空间和时间来积蓄力量，迎来最后爆发。同样，细小的树苗，可以充分享受阳光的普照、滋润于土壤的肥厚，不必担心斧斤的砍伐，最终长成参天大树。所谓“合抱之木，起于毫末”。婴儿最娇嫩，但他的心跳、脉动比成人都要迅疾，因为他不用承受压力、烦恼和成人的疲劳。雌性动物比雄性动物更长寿，能够生养、孕育后代，因为它们安守宁静，远离是非，善于自我保护。“人之生也柔弱，其死也坚强；草木之生也柔脆，其死也枯槁。故曰坚强者死之徒，柔弱者生之徒。是以兵强则灭，木强则折。强大处下，柔弱处上。”（《道德经》七十六章）人年少时娇柔，但他有大把的青春，无限的生机。到了临死，肌肉僵硬，皮肤粗糙，反倒看上去坚韧不少。所以说，柔弱处上位，坚硬临下隅。

与自然万物一样，人应该学会韬晦、隐忍，不敢为天下先。保护自己的柔弱，发挥自己潜在的能力，这同样是为自己争取积蓄力量的空间、时间，是在等待时机变化的那一刹那。

老子说："不自见，故明；不自是，故彰；不自伐，故有功；不自矜，故长。"（《道德经》二十二章）大意是不自我表扬，自以为是，反能彰显自身的能力。不自我夸耀，矜持，反能有功，且长久。所以示弱，是智者的智慧。老子敏锐地看到，强势的君王会使用这样的谦称："不谷""寡人""孤"……（不谷意思是不结果实，比喻君王无德，不善，所以绝后。）"人之所恶，唯孤、寡、不穀，而王公以为称。"（《道德经》四十二章）而再英明的名臣将帅，也有人都懂得"功遂身退，天之道也"（《道德经》九章），"勇于敢则杀，勇于不敢则活。"（《道德经》七十三章）而英明的君主治国，是要关爱呵护弱者，眼中有卑微，更要反省自己的霸道和强势。

《邵氏闻见录》记载，宋太祖赵匡胤近郊出猎，御马受惊失蹄。赵匡胤勃然大怒，"吾能服天下矣，一马独不驯耶"，用佩刀刺马匹。霸气的君主不久就后悔，自责说，自己屡次出猎，耗费民力，又因为小过，刺伤马匹，应当反省过错。从此之后，再不出猎。内臣奏请将皇家园林内一棵大树砍伐，建宫室器具。赵匡胤怒斥，"破坏大材来制作小材，何其荒谬！要砍树，还不如先砍了你的头"。这棵树就一直被宫人看护，已经朽烂都无人敢动。开国之君，难免盛气凌人，却能够看到自身不足，禁绝游猎，殊为难得。"太祖于一木不忍暴用以违其材"，连一棵树的生命和用途都要斤斤计较，何况对天下苍生。

柔弱本身也是对道的尊重。道的运行变化，决定了事物最终都会向自身的反面发展，所谓"反者道之动"。以福祸为例，老子提出，"祸兮，福之所倚；福兮，祸之所伏"（《道德经》五十八章）。以此类推，刚强之物必然走向衰弱，生存就是不断迈向死亡的过程。既然如此，恪守柔弱，就是主观上理性而不失分寸地延缓盛极必衰的节奏，避免过早地陷入由强到弱的转折中。

老子的弱德在古人身上有充分体现。苏轼在《留侯论》中对张良有这样的评价："太史公疑子房以为魁梧奇伟，而其状貌乃如妇人女子，不称其志气。呜呼！此其所以为子房欤！"意思是司马迁认为张良的相貌像女子，与他的英雄气不衬。这恰恰是司马迁搞错了，张良的英雄气就在于如女人般隐忍，外柔内刚。画上的张良确实像女子，而就其生平来看，又是如妇人般体弱多病。不过，他虽不能为将，却可以运筹帷幄，苏轼的观点中隐含着对汉初第一道家人物张子房的钦慕，他是贵柔守雌的典范。刘邦让张良自择封地，而张良却只选择"留"这个贫瘠的地方，只甘当一个留侯。表面上看，"留"是张刘二人相遇之地，辅佐刘邦是天意，以此纪念自己的使命。更进一步看，面对刘邦给出的诱惑，张良的低调再次展现了自己不争，表达了对高祖的忠诚，消除了皇帝对功臣的猜忌。

叶绍翁《四朝闻见录》中记载了这样一位有"弱德"的后妃。宋高宗皇后吴氏伴随皇帝出生入死，勤劳辛苦，深得天下人爱戴。高宗想要立她为后，而她以高宗发妻尚被金人扣留为名，拒绝册封，并委婉表达对姐妹之情的追思，并暗示高宗不要忘记旧人，皇帝却愈发感念其贤德。高宗母亲韦太后南归之后，不愿意儿子册封吴氏为皇后，因为她了解自己当初隐私、底细。表面上对高宗说"这事由你来定"，实际是不肯定的。高宗却以这一句搪塞之语为借口，以太后之命册封吴氏为后，于是开启她护佑三朝皇帝的功勋。

不仅仅个人，对于一个国家来说，贵柔也是应该秉持的原则。老子提出："大邦不过欲兼畜人，小邦不过欲入事人。"（《道德经》六十一章）大国如果能够对待小国谦逊，那就能汇聚众人的力量，变得强大，而小国如果能够对待大国谦恭，就能被大国包容，得以保全。老子生活的时代，诸国为了春秋霸业，竞相厮杀，血流漂杵，竞争与强大成为时代的主旋律，旧的礼法、等级、秩序正走向崩溃。相比较于战国诸国的虎狼之心，化解矛盾、委曲求全、以退为进，尚能成为小国的生存之道，而大国因为孤傲、浮躁，强梁必折的结局也屡见不鲜。

楚庄王伐随，借机率军经过周都洛邑，问周庙鼎的重量，问鼎中原的目的是试探威胁中原各国，做好称霸准备。东周业已衰微，蕞尔小国，面对来势汹汹的强敌，周天子不得不放低身价，郊迎礼遇楚使。王孙满肩负重任，要在霸主蛮兵面前周旋，他的回答可谓是抱弱守雌的典范，却收到了奇效。他先是说，天下称霸，在德不在鼎，暗示凭借武力不如积累恩德威信。接下来强调：任何一个王朝的兴盛都有天命期限，周朝占卜的期限是七百年。如今周朝德衰政昏，但期限未到，即便苟延残喘，也还不到被吞并的时候，请不要想入非非。王孙满放低周王室的姿态，这其实正是有自知之明。降低身份，言语中肯，却反而让庄王看到了天命和德行的不可侵犯，从而敬畏有加，转危为安。这正是“柔弱者生之徒”的诠释。

圣人之欲：知足

金文“欲”

“欲”字的左边是山谷沟壑，右边的“欠”字本源则是一个人在张口叹气。一个人似乎在面对像深谷沟壑一般总也填不满的欲望，精疲力尽、不住叹息。段玉裁《说文解字注》解释说：“欲而当于理，则为天理。欲而不当于理，则为人欲。”也就是说，欲望本身有合理，有过度，人有欲求、愿望是自然而然的，告子所谓“食色，性也”，然而现实中，人的欲望往往会由合理到不合理，不断滋长，最后不可收拾。荀子所谓人性本恶的意思，即人天性是多欲的。

老子提倡寡欲，而不是禁欲。他承认欲望本身有合理性。“甘其食，美其服，安其居，乐其俗”（《道德经》八十章），大家吃好穿好，享受自给自足的生活，做一个小国寡民，这是很理想化的社会。在《道德经》

十九章中，老子这样强调：“见素抱朴，少私寡欲。绝学无忧。”他所反对的，其实是欲望的无限滋生，就个体而言，这样会损害了人的生命，破坏人性的质朴。就群体来说，个人欲望凌驾他人利益之上，毫无约束，是天下祸乱的根源。只有少私寡欲，人才能真正获得心灵的快乐。

对于“寡欲”的范围和意义，老子这样说：“五色令人目盲；五音令人耳聋；五味令人口爽；驰骋畋猎，令人心发狂；难得之货，令人行妨；是以圣人为腹不为目，故去彼取此。”（《道德经》十二章）色彩、声音、美味、纵情狩猎、难得一见的奇珍异宝，这些都是外在的刺激，虽然给人快乐，但是长久沉浸其中，对我们的感官都是损耗，进而会损伤我们的自然之性。另外，在古人看来，老子这段话隐含着圣人的一种境界。“为腹”与“为目”是精神境界的不同。前者利用外物是为了生养生命，己是主体，物为己用。而“为目”则是被外界引诱，外物是主体，自己则被牵着鼻子走。正如王弼所注：“为腹者，以物养己。为物者，以物役己。”而道家忠实的皇室信徒——唐玄宗李隆基也有类似的看法：“腹者，含受而无分别，目者，妄视而滞色尘。”（《御制道德真经疏》）饿了的时候，你吃什么都香，不会挑挑拣拣，所以能顺应、满足天性的需求。而人的眼睛看到美色、美景就会流连，看到朴实而有价值的东西往往会漠视，这样就会偏狭、顽固，进而伤害天性。所以，圣人的寡欲实则为超脱于外物，其实是一种人格的独立和自由。

汉代枚乘的代表作《七发》，可以看作是老子寡欲思想的活学活用。楚太子的健康亮起红灯。吴客前去探问，一针见血地指出，太子生的是富贵病，本质就是精神空虚萎靡。“今夫贵人之子，必宫居而闺处，内有保母，外有傅父，欲交无所。饮食则温淳甘膬，脭醲肥厚；衣裳则杂遝曼暖，燂烁热暑。虽有金石之坚，犹将销铄而挺解也，况其在筋骨之间乎哉？”你整天宅在宫里，养尊处优、吃香喝辣，身体因为缺乏锻炼而衰弱，智商、情商因为不与人交往而退化。你别看那些皓齿红颜的美女，都是伐你性命的猛兽，山珍海味，皆为腐烂肠胃的毒药。长此以往，就是绝症，扁鹊也治不了你的病。太子知道事态严重，询问良方。客人提出，要用“要言妙道”把病说走。

所谓的“要言妙道”，即黄老的养生之道。客用自然的景色和气势冲击太子封闭的心灵。他用广陵曲江观涛来诱惑太子。江涛如雷般的轰鸣声，倒流时令、天地变色的骇人气势，连同日夜奔腾，在山谷间吞吐运气的场面，给人留下深刻的印象。此时，太子身体和心灵所郁结的烦恼和空虚，都被涤荡殆尽。太子仍然只是心动，却还不能起身。最后，客人提出“方术之士有资略者”——庄周、魏牟、杨朱、墨翟、老子、孔子、孟子等圣贤之言来引导太子。这里面庄子、杨朱等人“方术之士”即道家人物学说。还未等他发挥解释，只是提到圣贤之名，太子突然起身惊起，一身冷汗之后，所有的病症竟都好了。

这样说，天下局势如何才能做到“寡欲”，老子认为，人要“知足”。合乎道，统治者就应该把战马退回田间耕种，天下局势不合乎道，怀孕的母马都要送上战场在郊外分娩（暗指攻伐掠地的贪欲）。从心态上说，人要学会知足。而行动上要做到守慈，做到节俭，“我有三宝持而保之：一曰慈，二曰俭，三曰不敢为天下先”。

老子的知足之说、节俭之道影响了很多人，特别是统治者。以“黄老之道”治国的汉代，数位皇帝都是躬行节俭的。比如刘邦，出身贫苦，本性是爱财的。范增说：“沛公居山东时，贪于财货，好美姬。”但是当看到萧何建的未央宫奢华壮丽的时候，高祖义正词严地斥责丞相在天下未定之时，耗费民力，要治他的罪。他总体上还是有戒奢之心的。到了文帝刘恒继位，更是把节俭发挥到了极致。文帝穿的是草鞋，龙袍上有补丁，而且还是绨衣（丝绸中比较粗劣暗淡的一种），连皇后的衣服、宫里的帷幔都极少有刺绣。他亲自耕田（至少是象征性的），而且还让皇后亲自养蚕织布。《资治通鉴》记载，文帝打猎需要一个高台来观瞻休息，他一听说要“百金”，相当于十户中产家庭年收入，赶紧打消了念头。他下令死后部分宫女出宫改嫁，别浪费国家的婚姻资源。还下令“霸陵”基本用瓦器瓦片来装饰，限制金银玉帛。度量非常人能及。

士人读书，多为经邦济世，施展抱负。能不以做官为欲，急流勇退是为难处。若是能不顾生计、利害，不因局势利弊，飘然而去，则更是难上加难。唐代名臣李日知还在担任侍中的时候，萌生去意，频繁向皇帝请辞。他的决定没有和妻子商量。等到要从府宅迁走了，妻子才反应过来，惊讶地劝阻，家里贫苦，子弟前途都还没着落，你干嘛辞职呢？他的理由是，作为书生，这个官也算是过分的富贵，人心不足，欲望不能无限滋长。

到“寡欲”一节，我们对老子的心性观已经有了大概的印象。在此基础上，我们可以总结老子的思维方式，这属于道家独有的辩证思考。

圣人之思：反者道之动

我们的汉语，处处有辩证的意味。

像享享“清福”，“满口饭好吃，满口话不能讲”，“是药三分毒”这样的俗语我们耳熟能详。而成语更是不胜枚举。物极必反、否极泰来、大音希声、大象无形、大巧若拙、大智若愚、福祸相依、大盈若缺、轻诺寡信……这其实是受道家的影响。道家深谙事物相生相克的道理。

《道德经》的第二章中说：“天下皆知美之为美，斯恶已；皆知善之为善，斯不善已。故有无相生，难易相成，长短相形，高下相倾，音声相和，前后相随。”没有恶，哪来的善的概念。没有美的稀缺性，美本身就失去了价值，也就不美了。所以有无、难易、长短、高下、前后、音调都是相生相伴的。原因不难理解。首先，你对任何事物的定义，都有一个参照。这个参照往往就是事物的对立面，如果参照没有了，事物本身的外延、边界也就不存在了，对事物的认识就成了问题。西方人眼中的黄种美人可能正是我们习以为常的普通长相，而让中国人眼前一亮的洋气美女在他们看来却一般，认为没有东方人的特色。一个身高两米的篮球运动员在场上显得矮小瘦弱，而和普通人站在一起，却如同巨人一般。鲜花和小草哪个更美，大部分人会选择前者。但当你修剪草坪的时候看到花朵，很多人宁愿拔去，因为考虑到整体的和谐。

其次，所谓对立在老子看来，只是一时的现象。而道的运动是无限的。随着时间推移，矛盾的双方也会相互转化。“反者道之动，弱者道之用。”(《道德经》四十章)“持而盈之，不如其已；揣而锐之，不可长保。金玉满堂，莫之能守。富贵而骄，自遗其咎。功遂身退，天之道也。”(《道德经》九章）人在顺境中处久了，反而会懈怠、麻木，陷入困顿。而绝境却使人奋发，迈向生机。以战争为例，有“置之死地而后生”的说法。

《史记·项羽本纪》记载，当年巨鹿之战项羽渡河，破釜沉舟，连兵营庐舍都全部烧掉，只带了三天的干粮，向战士们展示必死的决心。在无路可退的刺激下，楚军奋勇向前，包围王离，与秦军九次交锋，击溃不可一世的敌人，杀死苏角，俘虏王离。等到项羽回师军营，那些作壁上观的诸侯将领人人惭愧，膝行向前，莫敢仰视。当项羽的军队陷入绝境，破釜沉舟，置之死地，求死反而能激发斗志，换来生机。相比于项羽，诸侯兵多将广，但患得患失使其只能作壁上观。

相反，也有“置之生地而后死”的计谋。《左传》中有详细描述“吴楚柏举之战”：“吴从楚师，及清发，将击之。夫概王曰：‘困兽犹斗，况人乎？若知不免而致死，必败我。若使先济者知免，后者慕之，蔑有斗心矣。半济而后可击也。’”本来吴军想趁楚军立足未稳之机痛击对方。吴国王叔夫概却反对，理由是绝境容易激发败军斗志。不妨先让楚人渡河，等渡到一半他们放松警惕，再去偷袭，看似是生机，其实正是陷阱。

老子就此提出一套为人处世的办法。简而言之，做人应该积极地、包容地接受矛盾，看到事物对立面的价值和意义。聪明的人，要学会笨拙，大巧若拙。守信的人不要轻易承诺，“轻诺必寡信”。守财的人不要太贪财，“甚爱必大费”。真正的圣人，他们的智慧在于寻找自己的不足，克制自身的锋芒。“曲则全，枉则直，洼则盈，敝则新，少则得，多则惑。是以圣人抱一为天下式。不自见，故明；不自是，故彰；不自伐，故有功；不自矜，故长。夫唯不争，故天下莫能与之争。”（《道德经》二十二章）不重视自己，自己才能名扬天下。不夸耀自身，自己才能功成名就。不与天下人争，所以天下无人能敌。圣人就是抱守这一逆向思维的原则，处理天下纷繁的事务，立于不败之地。

《吕氏春秋》对老子的辩证思想有更形象的解释：“新谷熟而陈谷亏，凡有角者无上齿，果实繁者木必庳，用智褊者无遂功，天之数也。故天子不处全，不处极，不处盈。全则必缺，极则必反，盈则必亏。”长着角的动物往往没有上齿，果实结得多的树木往往又低又矮，钻牛角尖的人无法成功，这是自然规律。而臣子如果要为帝王做事情，一定要学会留余地。事情不能做得太完美，不能太极端，太充分。否则，物极必反，结果会逆转。

有许多高士贤达善用此等思维方式。皇甫谧《高士传》记述了老莱子妻劝诫老莱子辞官的故事。

老莱子是楚国人，当时世道混乱，他在蒙山避世隐居。以蓬蒿为室，枝木为床，蓍艾为席，虽然是粗茶淡饭，日日辛劳耕作，但也悠游自在。但是有人向楚王推荐了他，大王亲自来拜访，请他出山。

老莱子本来是悠游自在、清心寡欲的隐士。楚王的到来打破了他内心的平静，大国相位在召唤他，难免心动。妻子砍柴回来，看见志得意满的老公，上去就浇了一盆冷水：给你酒肉吃的，往往就是鞭打你的人。给你官家俸禄的，下一回就可以对你施加刑罚。富贵荣华的代价，就是自由和奴役。相反，清贫寂苦，则可以让一个人安逸快乐。老莱子妻虽默默无闻，却比他本人看得更透彻：正反互为因果，局势瞬息万变。

也有不懂得正反转化之道的顽固之人，他们死守教条，不懂得“道”

的运动，看不清形势，往往错过了变革的最佳时机，最终使得国家、民族、家族陷入被动。叶绍翁《四朝闻见录》记载：

南宋大臣真德秀认为金人已经占据汴京，南宋对金用于议和的岁币就不要再供奉。朝臣对此形成两派。宰相史弥远和乔行简认为，蒙古人正在兴起，势力强大，足以灭亡金朝。古人所谓唇亡齿寒的道理今天仍然适用。如果金朝得不到支持，被蒙古所灭，下一个遭殃的就是南宋。提供岁币给金朝，其实是在经济上赞助，联合金一起对抗更加强大的蒙古。然而，太学生一致认为乔行简是卖国，跪求斩杀乔氏以谢天下。这个动议最终未能实施。史弥远是南宋著名的权相，一贯骄横跋扈，但是他却能看到乔的主张思虑深刻，颇有道理。金朝本是宋的仇敌，"反者道之动"，历史的发展往往是走向经验的反面，这个时候需要审时度势，与时俱进，只可惜，南宋最终没有抓住时机，仍然重蹈虞虢覆辙。

老子"正反"的辩证法对西方文化的影响也很大。这里只以老子的推崇者，著名文学家卡夫卡为例。卡夫卡的好友雅努施看到卡夫卡在保险公司上班的时候会翻阅德译本的《道德经》。他说："我深入地、长时间地研读过道家学说，只要有译本，我都看了。"

卡夫卡讲了这样一个寓言故事，是《鲁滨逊漂流记》的"故事新编"。

"假如鲁滨逊，无论是出于自慰还是自卑还是畏惧还是无知还是渴望，从来不曾离开过岛上的最高点或不如说最易被人看见之点，那么他也许很快就完蛋了；由于他不去考虑那些来往船只及其蹩脚的望远镜，而是开始对他的岛屿作全面的探索，并开始喜欢它，他保住了他的生命，而且最终由于理智必然导致的逻辑性而被人找到了。"（叶廷芳译《他》）

鲁滨逊如果等着被救，那他就得待在山顶，确保往来的船只能看得见他，可是如果一直等下去，他会因此饿死。最后，他的得救是因为他放弃了被救，而是自己向未知的危险跋涉，结果反而得救了。向死的人才能生。卡夫卡用这个故事是为了说明，一个人为了成为别人眼中的好人而委屈自己。就像某些鲁滨逊可以为了别人看得见自己，牺牲自己的自由。结果呢，还是无法成为让人满意的那一个。这里，我们看到了反向的思维，一种拥抱反面，正面的道路才能通畅的智慧。这种智慧或将成为现代人消解隔阂、走出孤绝闭塞的良途。

三 庄子

乱世的庄子

要理解庄子的思想，先要了解他所生活的时代。《庄子·列御寇》记载了这样一件事。有个人拜会了宋王，被赏赐了十乘车马，他兴奋地向庄子炫耀。庄子劝告他说，河边有个织草席为生的贫苦人家，他儿子潜入深渊得到一颗价值千金的宝珠。父亲对他说，拿石头把它给砸了。千金的宝珠一定是深埋在深渊巨龙的颔下，你能这样顺利地得到宝珠，一定是因为黑龙睡着了。等它醒来，你还有活路么？现在的宋国比九重深渊还要阴森凶险。宋王的残暴比黑龙更甚。你获得赏赐，正赶上宋王睡着了，等他醒来，你也一定粉身碎骨！

庄子所谓宋王的原型是宋康王。他的一生应了日本小说家芥川龙之介的名言："我没有良心，我只有神经。"或者可以略作修改："我也没有神经，我只有神经病。"

《吕氏春秋·淫辞》记载：宋王对宰相唐鞅说："寡人杀的人那么多，可是群臣却丝毫不畏惧我，这是为什么？"

唐鞅对道："你诛杀的都是有罪的人，所以无罪的人不畏惧您，如果你要让所有人都怕您，那就不管善恶与否，一律都加以罪罚。”不久，宋王就拿唐鞅开刀。宋王以杀唐鞅这样一个黑色幽默证明自己智商不低，但公然因为杀了那么多人，群臣还是不怕自己而自卑，确实是极品。宋康王这个人“面有神光，力能屈伸铁钩”，骄横跋扈。他看到小鸟生出大鸟，认为这是祥瑞之兆，预示着宋国这样的小国可以灭齐国，于是下令伐齐。出征之前用皮囊盛血，悬在天上，用箭来射，血流如注，意思是“射天”出血，无所畏惧。看到驼背的人，好奇，命令劈开他的背观看。看到过河人赤脚不冷，下令砍掉他的腿，这些传说都反映这是个与桀纣无异的暴君。最终，狂妄的他自取灭亡，齐魏联军灭亡了宋国，康王被杀，土地被瓜分，老百姓却是夹道欢迎。

当倒霉的庄子一边受苦，一边唱响关于生活的冰与火之歌的时候，战国时代的疯王们正在演绎一场场血腥的权力游戏。

疯狂不分大小，《左传》记载了一个叫莒公的小君庚舆。庚舆天性酷虐，又喜欢剑，每次铸剑完成后总要拿人做活体实验，试试剑的锋利。国人整天生活在恐惧中，终于将他赶下台。逃亡路上看见乌存执殳立于道边，以为自己命不久矣，苑羊牧告诉他，乌存是力士，重视名节，不会杀你的。德臣为了名节不杀暴君，对比之下，暴君们却视人民如草芥。

“孟尝君过赵，赵平原君客之。赵人闻孟尝君贤，出观之，皆笑曰：‘始以薛公为魁然也，今视之，乃眇小丈夫耳。’孟尝君闻之，怒。客与俱者下，斫击杀数百人，遂灭一县以去。”(《史记》)

孟尝君是战国四公子，又是齐国最有权势的王公，对鸡鸣狗盗之徒仁慈宽爱，可是对于嘲笑他“小丈夫”的赵人，竟然如此心狠手辣，杀光了一个县的人才走。这大概可以理解为风气使然。司马迁的愤怒可见一斑，一个“斫”字写尽了这些人凶恶、冷酷、变态。

在稍晚一点的秦国，杀人立功成为常态。《商君书》规定：“五人一屯长，百人一将。其战，百将、屯长不得，斩首；得三十三首以上，盈论，百将、屯长赐爵一级。”每五个人设立一个屯长，每一百人就设立一名百将。百将、屯长要是手里没有敌人人头，就得处死。手下士兵如果能够斩杀三十三人，就符合朝廷规定的论功数量，可以升一级爵位。“能攻城围邑斩首八千已上，则盈论；野战斩首二千，则盈论；吏自操及校以上大将尽赏。”攻城战杀八千人，旷野作战杀两千人，全军校尉以上官员都会有赏。当军人们交差的时候，县官们也不闲着，他们负责清点核查悬挂的人头，数够不够，身份是不是敌人的，如果出现差错，比如作假，军人是要受罚的。

与庄子生活时代接近的孟子，早就看出了时代的病兆。在游说梁惠王的时候，对方提出天下靠什么来安定这个问题，孟子一针见血地指出“今夫天下之人牧，未有不嗜杀人者也。如有不嗜杀人者，则天下之民皆引领而望之矣。诚如是也，民归之，由水之就下”(《孟子·梁惠王上》)。天下的君王，骨子里没有不以杀人为乐的，如果你能够做到不杀人，那么百姓就会伸长了脖子仰望你，归附于你，就像水往低处流一样自然。

比孟子更决绝的是杨朱。这位饱受争议的思想家对君王失去了规劝的耐心。他更强调每个个体自身一定要无比爱惜生命，惹不起一定得躲得起。他认为生命是无比可贵的，而重视生命的前提，其实就是“贵己”，一切都从自己出发，为自己活，有了这种意识，生命就不会被伤害。《列子》记载了这个广为流传的故事——拔一毛而利天下不为也。

禽子问杨朱，拔您身上一根汗毛来救一世的人民，你干不干？杨朱说，世道本来就不是拔一根毛就能救得了的。对方说如果真能救，你干不干？杨子沉默了。孟孙阳告诉禽子，你不了解夫子学说的真髓啊。如果伤你的肌肤，可以换来万金，你做不做？禽子说，做。如果为了国家，断你的一节手指，你做不做？禽子就犹豫了。孟孙阳说：“一根毫毛对于一寸肌肤，一寸肌肤对于一节手指，都是太细微的东西，所以你不在乎。可是如果没有这么多的毫毛、肌肤，你哪有身体呢？就算一毛只是身体的万分之一，你怎么能轻视呢？”这就是所谓拔一毛利天下不为也。今天很多人指责杨朱是利己主义者，但杨朱的利己是有背景的。一个不把自己生命、身体当回事的人，对别人呢？这样的冷血与麻木在那个时代比比皆是，杨朱是不是用一种看似夸张的方式，保留了人类最基本的善念和本能呢？他的言行是否也反映了那个时代带给人们的恐惧和绝望？

庄子把老百姓生活的残酷环境比作是“九重深渊”，而暴君恶臣则是随时可能醒过来咬人的蛟龙。他用他深邃瑰丽的思想和灵动锐利的智慧，去应对这个时代的污浊。

至人的保全

庄子没有卷入世事的纷争，在那个楚材晋用、行藏用舍司空见惯的年代，他主动地选择了做一个“无用”的人。

对于“有用”和“无用”，庄子讲得深入浅出。

做过漆园吏的庄子拿树打比方。“山木，自寇也；膏火，自煎也；桂可食，故伐之；漆可用，故割之。人皆知有用之用，而莫知无用之用也。”（《人间世》）树木做成了斧头，回过头来砍伐的是自己。松脂的用途是助燃，但是自身也被消耗。事物越是有用，它就越有可能被利用、回头消耗自身。相反，无用的东西，反而能够保全，这就是无用之用。

然而，庄子的说法也会受到弟子的质疑。有一次，他和弟子在山间看到有人伐木，偏偏有一棵树碰也不碰。庄子指给弟子们看：“这棵树因为材质不好，没用，所以反而躲过一劫，保全性命。”而到了故人家里，朋友很高兴，要烹煮雁来招待他们。问，一只雁能鸣、一只不能，杀哪一只，大家都选了不能鸣的。弟子提出了质疑，先前不材得以保全，而现在因为无用却被杀了，这到底该如何选择啊？庄子笑着说：“周将处乎材与不材之间。材与不材之间，似之而非也，故未免乎累。若夫乘道德而浮游则不然，无誉无訾，一龙一蛇，与时俱化，而无肯专为。一上一下，以和为量，浮游乎万物之祖。物物而不物于物，则胡可得而累邪！此黄帝、神农之法则也。”（《山木》）

庄子的选择是居于成材（有用）与不成材（无用）之间，既不做无用的大雁，也不做被砍伐的树木。但是这样在他看来仍然只是与大道相似，并非合乎大道本身，仍然难以逃脱负累。他最向往的是随大道的变化，自由自在地与尘世浮沉，顺时而动。当无用之人显眼的时候，就像龙一样飞腾、有为，当有用之人被嫉恨的时候，就学会像蛇一样去潜伏。这样就避免被外物所累，可以役使外物而不为外物役使。所以庄子所说的“无用”，不是实用层面的无价值、无效用，其实是与外物、环境周旋，隐蔽自身，保全自身，获得自由。

庄子用自己的生命践行“无用”，收获快乐与自得。

他原本在宋国做一个漆园小吏。漆树因为可以产漆，比较实用且昂贵，所以政府设官职管理，却是个芝麻官。后来康王继位，庄子就走了。其间，他编过草鞋，也曾打鱼为生，东南西北、齐鲁魏赵都游历过。在魏国都城大梁，他遇见了自己的同乡惠施。先前惠子以为庄周来魏国是要和他争夺相位，面对庄子的声望和才华，自己有些不自信。自己的竞争对手又迟迟不露面，一时间焦虑驱使他下令搜捕。庄子听闻后，大大方方地来见惠子。一见面，庄子就开始讲故事：从前有只罕见的南方鸟，叫鹓雏，从南方飞到北方，非梧桐树不停，不是竹子的果实不吃，不是泉水不喝。有只猫头鹰正在享用腐鼠，突然看到它从头上飞过，赶紧用身体护住那恶心人的食物，向它喊话：“你想抢夺我的食物么？”庄子的讥讽之意溢于言表。在“有用”之人惠子的眼中，只有有用和竞争才是世间人所向往的价值。

庄子后来见到了魏王。他穿着打补丁的粗布衣服，用麻丝系着草鞋，这一身穷酸打扮引来了魏王的调侃："先生为何如此疲惫？"庄子曰：我虽然穷，但是并不疲惫。士人心怀大道却不能实行，这才是疲惫。我仅仅是衣衫褴褛，但尚未到怀才不遇的窘境，只能说还没有遇到好的时机。他接着说，那些草丛里跳跃的猿猴，当它们生活在楠、梓、豫章等高大的乔木当中，攀枝揽蔓自由自在，即便是后羿、逢蒙那样的神箭手都不能小看它们。可是当它们在柘棘丛生的灌木中，就会走路小心翼翼、左顾右盼，觳觫、紧张，不是因为筋骨变得不灵便了，而是因为空间拥挤逼仄，不能充分展示才华。庄子越说越来气，他斥责说："现在这个昏君乱臣当道的时代，士人怎么可能不疲惫。比干被剖心就是证明。"于是乎拂袖而去。

庄子回乡以后，在家乡濮水钓鱼，有一天，楚威王派使者来请他入相。庄子眼睛盯着竿子，头也不回地问："楚国有一只神龟，死了三千年了，大王用竹箱装着它，用丝巾盖着它，现在它的龟壳被供奉在庙堂上，你如果是龟，是想死后留一副骨架被人供奉膜拜，还是宁愿活着摇着尾巴在泥滩上面爬啊？"二大夫曰："宁生而曳尾涂中。"庄子曰："往矣，吾将曳尾于涂中。"庄子辞相的故事广为流传，很多名士慕名而来，客观上说，庄子以一介布衣，能够先后辞魏楚两大强国的任命，非常人所及。

庄子的无用之说，后世的践行者不少，唐代张彦远的《法书要录》记有韦诞题宫观的轶事。韦诞是著名书法家，魏明帝建高台，先钉好榜额，然后用笼子装着韦氏悬吊在空中，让他空中作业，题写匾额。恐高症急性发作的韦诞经历人生最惊魂的时刻，下来以后，有史书说是须发尽白，大病不起，最终他告诫子孙，不准学书法，并且写在了家训里面。才华招人惦记，也会被人利用，弄不好就是祸事。

庄子所谓"处于材与不材之间"，即"一龙一蛇，与时俱化，而无肯专为"，能够践行的人需要极高的智慧。简而言之，要学会应时变化。时机允许，就展现自己的才华，免得因为无能或愚钝被伤害，而生不逢时就要大巧若拙，自我保全。陈平、司马懿就是这样的人物。《史记 · 陈丞相世家》记载：

吕后当政，陈平日夜饮醇酒，戏妇女。樊哙老婆，吕后妹妹吕媭进谗言，说陈平怎么怎么好色渎职，陈平听后，非但不收敛，却更加放纵。吕后心中大喜，心想有这样听话的废物在，哀家放心了。还当陈平面骂了吕媭一通，说小儿夫人之言不足信。而当吕后过世，时机成熟，陈平、周勃策划诛杀吕氏宗族，演了一出扮猪吃虎的好戏。无用和有用的时机、环境是相对变化的，与时俱进则能通达无碍，与时相乖必然弄巧成拙。

但是甘心“无用”的贤者永远只是少数，多数人都渴求在倏忽人世中一展身手、立功立德。芸芸众生在俗世中摸爬滚打，他们的精神是否注定不自由呢？

世俗的约束

人生自有苦痛，但人的精神可以是逍遥的。人的肉体、感官、欲望是不自由的，因为它们对外物的依赖太多，要去超越这种局限，就得学会无所依傍。问题是，人为什么总是被外物限制，因为人的视角狭隘，看不到外界事物的局限和渺小，看不到自己精神和心灵的博大。人们像井底的青蛙、没见过大海的河伯一样，觉得自己眼中的一切就是一切。这样被事物牵着走的人生，就是有“所待”的人生。

庄子《逍遥游》的开篇说：“北冥有鱼，其名为鲲。鲲之大，不知其几千里也。化而为鸟，其名为鹏。鹏之背，不知其几千里也；怒而飞，其翼若垂天之云。是鸟也，海运则将徙于南冥。”

表面上看，大鹏鸟无比自由，因为相比于狭隘污浊的人间世，浩渺广阔的苍穹大海就是自在的天堂，御风翱翔已经是对摆脱束缚的终极幻想。从鱼到鸟的变形，完全突破了物的界限与隔阂，驰骋的疆界由水到天空，有气运动的地方都是它的舞台，这不能不说是亘古未有的逍遥了。但庄子笔锋一转，告诉我们，大鹏要飞行的话，得到几万里高的高空，因为只有足够高，才能积蓄风力让自己飞得起来。“风之积也不厚，则其负大翼也无力。故九万里则风斯在下矣，而后乃今培风。”一个“乃”字，意味着满足了上述条件，才有可能飞起来。这样看来，我们觉得最自由的生物，其实也是有依托的，也需要条件来实现自身的逍遥。九万里之风之于它，宛若水之于舟，某种程度上说，它仍然是受条件限制的。相对于“道”的境界，大鹏鸟仍有“物”的限定。

这种“有待”遂引来蜩与学鸠的嘲笑。它们想我们起飞的时候，说走就走，只是贴着地面飞，遇到树木还会停止，一样都是飞，为什么还要飞那么高，搞那么复杂。庄子马上就予以反驳，这两个小东西真是自以为是，目光短浅。“适莽苍者三餐而反，腹犹果然；适百里者宿舂粮；适千里者三月聚粮。之二虫又何知！”（《逍遥游》）去郊游，带三餐就可以了，不会饿，但是要是去千里外的地方，那要提前数月准备粮食，完全不是一个层次。你们的眼中只能看到自己狭小的世界，哪里知道大鹏鸟的“有待”，大自由者的局限，与你们所凭借的条件完全是不同的呢？

以道的视角看，鹏鸟在上，鸠鸟在下，都是受限的。这一点二者相似，都属于“有待”。但是当鸟儿说“我决起而飞”的时候，意味着它们是主动、刻意地飞翔。它们眼中的天地就是树木和地面的距离。而大鹏鸟并没有刻意地向上奋飞，它只是顺应风的变化，自然而然地扶摇而上。鸟儿的逻辑是，鹏鸟飞九万里，那是笨重而费力的。实际上，这是由大鹏鸟自身的体量、天性决定的。你是什么材料、什么出身、什么性格，你的举止和参照就是与众不同的，这个根本就不是刻意而为的。由此看来，鹏鸟的“有待”和学鸠的“有待”是不一样的。前者更顺乎自然，处于有待与无待之间。

学者陈赟认为，大鹏鸟所乘之风，其实就是人间世所积累的气息。“去以六月息者也。野马也，尘埃也，生物之以息相吹也。”所谓九万里苍穹，绵延无尽的长风，本质还是来自天地宇宙之气，“由此，大地与天空不过是同一积气之自我运转的不同显现”。(《庄子逍遥游中的鲲鹏寓言》)所谓天地之分，就本质而言都是气的变化，二者其实是没有区分的。而“气”又是我们每一个人所呼吸的、吐纳的、生死形态的依托。就这样看来，大鹏鸟真的是很了不起，在它的世界里，哪里有什么人间啊、天地啊、大海啊，天堂、地狱，一切都是可以转换的，更重要的是，它不是刻意迎合，而是当万物之气自然而然发生变化的时候，它跟着走就是了，无知无觉却又无比恢宏，这是诗一样的境界。就此而言，逍遥游的“逍”其实与“消”同义，意思是消除界限。“游”则是飞向无限遥远深邃的境地。这样看，大鹏鸟的“有待”岂能与一般俗物的“有待”相提并论。

庄子借助这个寓言，最终还是想说人的“有待”与“无待”。“故夫知效一官、行比一乡、德合一君、而征一国者，其自视也亦若此矣。而宋荣子犹然笑之。且举世而誉之而不加劝，举世而非之而不加沮，定乎内外之分，辩乎荣辱之境，斯已矣。彼其于世，未数数然也。”有的人才华可以胜任官职，品行符合一乡人的期望，道德堪称贤君，能力可取信一国之人，这样的人自然不错，但是又有什么了不起呢？如果沾沾自喜，那也就和学鸠没啥区别了。宋荣子这样的人很了不起，他做到世上的人都夸奖他，他也不会高兴，都非议他，也丝毫不难过。能够让自身区别于外物的影响，对于世间的功名利禄，也不去拼命追求。但就这样的人，也是有局限的。因为他与外在的世界还保持着“一份紧张感，一种持续的张力”(陈引弛《庄子精读》)。也就是说，虽然宋荣子的自我很强大，可以不管你外界怎么样，但是毕竟他对于外界还是有感觉，有防御，内外的界限还没有消失。这样看来，他还不是最自由的。相比较而言，列子做得更彻底了。“夫列子御风而行，泠然善也，旬有五日而后反。彼于致福者，未数数然也。”列子的伟大在于，他能够突破人与天的界限，乘风而行，自然而自由，毫无违和感。这比宋荣子的内外紧张要淡定多了。

但是庄子还是不满意，这仍然是有所待。和大鹏鸟一样，乘风是要等待时机的，风的大小也不是列子所能决定的。所以他的自由还是有限的。

人生难免“有待”，哪怕是再旷达的人。因为“乌台诗案”，苏轼下狱，九死一生，后来被贬，担任黄州团练副使。此时他的处境，真应了“拣尽寒枝不肯栖，寂寞沙洲冷”这一句。苏轼住在定慧寺，每天夜深无人之时才肯出门，似乎有意要与人保持距离。后来居住在临皋，他如惊弓之鸟般的紧张惶惑似乎仍无法消除。《答李端叔书》云：“得罪以来，深自闭塞，扁舟草履，放浪山水间，与樵渔杂处，往往为醉人所推骂，辄自喜渐不为人识。平生亲友，无一字见及，有书与之亦不答，自幸庶几免矣。”亲友好友似乎都忘了他的存在，自己写信给这些人，也收不到回信，这样看来，人们躲避自己像躲避瘟疫一样。而不为人识，不惹是非，把自己躲藏起来的意识，深深渗透在笔端。苏轼一生耿直、锐利、疾恶如仇，大是大非处“虽千万人，吾亦往亦”这样的魄力是一面，另一面，初涉人生险境，内心的惶恐和痛苦，对外界的紧张可见一斑，虽然他渴望安享这份独立与寂寞，但远未能“宠辱不惊”吧。

苏子尚且如此，更何况本就汲汲于功名之辈。例如被钟惺称为“古今第一热衷富贵人也”的秦相李斯。他仓鼠般的处世哲学，风波不断的人生经历令人唏嘘不已。

据《史记》载，李斯年少时担任小吏，看见厕所中的老鼠吃脏物，人和狗一来就吓得落荒而逃。看到谷仓中的老鼠，吃丰美成堆的米粟，居于堂屋之下，安然自若，连人来了都不怕。他感叹道，人和鼠一样，活得有没有出息，要看地位，所处的环境。从此，他开启了“货与帝王家”的传奇一生。其间有意气风发，更有曲意逢迎的妥协，目的就是为了出人头地。然而就是这种“自处”的哲学，使其为利益诱惑，先是与赵高狼狈为奸，篡改诏书，迎立秦二世即位。随后因与赵高生隙，被以勾结陈胜等楚地盗贼谋反为名处死，夷灭三族。临刑前，李斯回头对次子说，想要和你再牵黄狗出上蔡东门去猎兔，还能再有这样的机会么？一代名相，以《谏逐客书》闻名千古的奇才，却因“仓鼠”哲学的负累，落得进退失据，为外物所拘役，这恰恰是历史一再上演的悲剧。

至人的超旷

在庄子眼中，至人能够摆脱有待，进入与道冥合的境界。“至人”的意思是达到最终极的道的境界的人，或者叫“真人”，真正返璞归真的人，也叫“神人”“圣人”。虽然名字不同，但是本质一样，只不过是语境不同。“至人无己，神人无功，圣人无名。”（《逍遥游》）如果略作区分的话，就超越自己与他人的界限而言，超然者就是至人；就超越功业的衡量而言，超然者是神人；而就淡泊名利而言，他是圣人。

庄子对真人有更形象的描绘。在《大宗师》中他解释说：“且有真人而后有真知。何谓真人？古之真人不逆寡，不雄成，不谟士。”古代的真人，不会自以为是，欺负弱小。如果错过了机会不可惜，遇上了机遇也不会得意。登上高处也不会紧张，走进水里也不会沾湿，面对火烤也不觉得热。睡觉时不做梦，醒来时不忧愁，吃东西时不挑剔，呼吸时气息深沉。“真人之息以踵，众人之息以喉……不忘其所始，不求其所终；受而喜之，忘而复之，是之谓不以心捐道，不以人助天。”真人呼吸凭借的是着地的脚跟，而一般人呼吸则靠的只是喉咙，也就是说真人不受感官、器官、身体的局限，与自然融为一体。不懂得喜悦生存，也不懂得厌恶死亡；来去自由，不忘记自己从哪儿来，也不思索自己往哪儿去，承受什么际遇都非常高兴，忘掉死生像是回到了自己的本然。最根本的一点，真人的智慧在于他不会用心智去谋划追求，更不会丧失自己的天性。即不以心来捐弃、损害道。真人已经将“无待”发挥到极致，连自己的心灵感官都超越了，他超越的不是我们一般意义上理解的外物，而是包括自己的身体、感觉、欲望和生死，在他看来，这些都不过是更隐蔽的外物而已。

而庄子对圣人的想象则更为瑰丽、玄幻。“圣人”一词是相对于功业而言的。“圣人踌躇以兴事，以每成功。”（《外物》）圣人对于建功立业，谋划成功不怎么在意。对仁义道德、好的名声更是躲得远。“不刻意而高，无仁义而修，无功名而治，无江海而闲，不道引而寿，无不忘也，无不有也，澹然无极而众美从之，此天地之道，圣人之德也。”圣人愿意做的是什么呢？飞到天上去，远离世俗尘垢，与日月为伴，和白云为友，像神仙一样达到绝对超然的境地。至少已经是半人半仙，与宇宙同在，少说能活千年吧。“圣人……千岁厌世，去而上仙；乘彼白云，至于帝乡。”（《天地》）在对至人的描述中，庄子一方面赋予他像真人那样的强悍——“至人神矣！大泽焚而不能热，河、汉冱而不能寒，疾雷破山、飘风振海而不能惊”，风吹雨打、火烧雷劈都无所感觉，再加上了一条，“圣人处物不伤物。不伤物者，物亦不能伤也”（《知北游》）。意思是处在外物中又不会对外物有所妨害，被环境包围却不会受其影响。也就是说，他与周围一切融为一体，心与境是交融不分的。

圣、至、真、神，庄子的理想人无论是哪一种，殊途同归，都强调超越性。超越不仅仅针对的是世俗间污浊的东西，也包括那些看似充满了正能量、催人向上的价值符号，比如责任、功业、抱负、理想、仁义、智慧……这些都是对心灵之真的局限，也都是人为的束缚。这样的超然是更为彻底，也更难做到的。《逍遥游》中说到尧要把治理天下的重任交给许由，没想到竟遭到对方的奚落。

尧的态度很诚恳："太阳月亮都升起来了，点燃火炬有何意义？连绵阴雨不绝，还给庄稼地浇水岂不是多此一举。"意思是有你这样的贤才在，我徒居其位，早就该让贤了。没想到许由却推辞——你已经把天下治理得很好了，我去掺和什么？难道是为了名声么？名声不过就是实际的附属而已，难道我会追求这可有可无的附属品么！许由在暗示，你只看到你的功业抱负，而我也有我的世界，你的世界不是全部，不要觉得别人都在追求你所追求的东西。鹪鹩筑巢，只需要用一根树枝，而鼹鼠要是饮水，灌饱肚子就够了。我的人生，做个农夫、隐者，就够了，你的仁义道德、社会责任、权利义务对我来说就两字——多余。后来尧到了姑射山上，见到了肌肤和冰雪一样洁白，吸清风饮甘露，乘云驾雾，纵横四海的神人，发现他举手投足间就使得天下五谷丰登，风调雨顺，打个喷嚏，走路带出的尘土就形成了千百个像自己那样的所谓贤君。"是其尘垢秕糠将犹陶铸尧舜者也，孰肯以物为事？"他终于明白了一个道理，自己所追求的丰功伟业都是小孩过家家的游戏，太狭隘了，"窅然丧其天下焉"。最后，竟然在怅然若失中完全忘记了自己的世界了。

智者善于适时给自己的人生做减法，减掉那些名缰利锁的束缚，减去所谓道义大任的负累，最终像姑射山神人开导下的尧，忘掉那个世人在麻木中沉沦的世界。

《世说新语·栖隐》记载南阳刘驎之，此人才学出众，精通史传。前秦皇帝大兵压境，东晋荆州刺史桓冲聘请他做长史，专门派公务船去接送，礼品礼金准备了一大堆。结果这位仁兄满口答应，拿了人家的东西，一路上悉数散发，才半天工夫，全送光了。见了桓冲以后竟然说自己能力不行，水平不够，你看走眼了，另请高明吧。回去和乡亲们一起吃大锅饭去了。拿了人家的钱，不办事，还乱花银子，关键是见了面才讲自己没那能耐，早干吗去了，这不是忽悠人么？浪费才华不说了，关键是把人家刺史，把国家的危难当了什么，就为了不耽误和自己的穷朋友喝酒？或许，人家想通了，什么出将入相、封妻荫子、忠君报国，全是假的，还不如给老百姓骗点银子，做点慈善来得实际呢。

还有人连名节、礼法都不顾了。《世说新语》中《任诞》刻画了阮籍宗亲们的名士气概：阮籍他们家的人特别能喝酒，喝的时候吃相也太难看了。用个大酒瓮盛酒，环绕一圈对饮，如果猪来了，就召唤一起喝，估计除了场面壮观，声音也很好听。无独有偶，阮籍在母丧期间，司马昭请客，他在饭局上大碗喝酒、大块吃肉，群臣坐不住了，有人对司马昭说，您不是以孝道治天下么，这家伙母亲去世在您的酒桌上大吃大喝，简直是明目张胆败坏风气，要治罪。“明公方以孝治天下，而阮籍以重丧显于公坐饮酒食肉，宜流之海外，以正风教。”司马昭回答说，阮籍悲伤憔悴成这个样子，你不能为之分忧，还说这些！他生病期间，吃吃喝喝补充点营养也是应该的。阮籍一边听，一边旁若无人，继续吃。还有因为思念故乡鲈鱼辞官而去的任性官员张翰。张翰纵任不拘，时人号为“江东步兵”。或谓之曰：“卿乃可纵适一时，独不为身后名邪？”答曰：“使我有身后名，不如即时一杯酒！”有人批评他说：“你怎么可以如此放纵，岂不考虑身后的名声？”他回答说：“与其让我身后有名，还不如现在给我一杯酒！”

超然并不是刻意而为的，就像姑射山的神人，像顺时乘风的列子，都是顺应时机与本性。其实真正的超然，不需要一味展现自己对于环境的疏离与逃避，更无须标榜自己的与众不同，大谈所谓的隐逸之道。庄子《应帝王》说得好——“无为名尸，无为谋府；无为事任，无为知主。”不要成为名誉的背负者，不要成为谋略的府邸；不要做世事的负担，也拒绝成为智慧的主宰。要超越名声、谋划、事情、智慧的束缚，不被其主宰，关键在于“用心若境，不将不迎，应而不藏，故能胜物而不伤”，要让内心像镜子一样透明，如实反应事物，顺应它，让外物与内心融为一体，而不是标榜自己的内心多么强大，外界多么渺小。

《世说新语·栖隐》中记载了这样一位“神人”。据说阮籍擅长吹口哨，声音能传出一二里远。有一次，他听说来了位得道的真人，于是去拜访。到了山门那儿，看见人家正盘腿坐在岩石上，造型拗得十分妖娆，备感亲切，遂向对方阐发自己对隐逸之道的理解。从黄帝、神农的玄学，到夏、商、周三代的美德。那人仰着头，不睬他。阮籍又说到儒家的教化，道家的修养之道，再看他的表情，还是那样，凝望前方一言不发。

“籍因对之长啸。良久，乃笑曰：‘可更作。’籍复啸。意尽，退，还半岭许，闻上嗒然有声，如数部鼓吹，林谷传响。顾看，乃向人啸也。”阮籍似乎恍然大悟，他突然吹了一个长长的口哨。这个家伙这个时候突然笑了，说，你吹得不错，再吹一个吧。于是阮籍又吹了一个。等到阮籍下山回家的时候，走到半山腰，他听到漫山遍野四处回荡的口哨声，原来都是那位真人的回应，心中才释然了悟。“超然”是分境界的。你去拜访超脱的真人证明了你的不凡，但是你硬要学超越的方法，大谈什么道理，这就落入窠臼了。超然、无待不是靠言语能解释的，也不是靠刻板的心术传授，其实就是你自己的天赋秉性，就像吹口哨一样。你吹一声，我回一声，相与为乐，真性相照。

差异的视角

庄子在《秋水》篇中讲了一个生动的寓言。秋天百川灌河，河伯看到自己的水势盛大，两岸之间，水气弥漫，牛马不分，于是沾沾自喜，觉得自己是个大人物。但当他看到北海之神若的时候，才觉出自己渺小。北海若讽刺他说："井蛙不可语于海者，拘于虚也；夏虫不可语于冰者，笃于时也；曲士不可以语于道也，束于教也？"井底之蛙其实是不能和它讲什么大海的，因为被困在井下。夏天的虫子你也不要和它谈冬天的冰，因它生活的时间受限。而乡野鄙夫是不能讲道的，因为教化不足。只当你能够意识到自己的渺小，承认山外有山，就可以讲道的奥妙了。

北海若告诉河伯，你不要觉得我很博大，那是和渺小的你比。要是和天地比呢？不要说我这个小小的北海，就算把东西南北四海加起来和天地比，不过就是小石小木在大山之中一样。他话锋一转，比你更愚蠢的是人，他们所处的中原和我们四海比，不过就是仓库里的一粒粮食，而人自身和万物生灵比，也不过就是马身上的一根毫毛。最可笑之处在于，人们还在那里标榜那么几个帝王、贤君，什么尧舜、三皇五帝、孔子的学问、伯夷叔齐的仁义道德，都太渺小了。

河伯一听觉得很有道理，他马上说，天地最大，和天地比，人类渺小得如毫末一般。“然则大天地而小毫末可乎？”我把天地看作最大，可以么？北海若给河伯泼了头冷水，你还是没懂我的意思。其实天地固然大，那是因为和比天地小的事物作参照。但是还有比天地更大的存在呢。所以，万物大小的参照是无穷无尽的，只要它是物，就无所谓大小，都不过是相对而言。

为什么北海若一直关注的就是大小，那是因为他把物和我对立起来，也就是从主观立场出发，给万物划分等级、区分对待。所有的比较，本质上都是自我视角的体现和坚持，如果换一个角度，不先入为主，不偏执于自我的视角，把对象当外物，那么事物就完全不是这个样子。用庄子的话说，要以道观之，而不是以物观之。

不仅仅是大小，还有贵贱之分都是主观的结果。你得到富贵、名爵，于是你很开心觉得自己很了不起，自尊心爆棚。如果你失去了这些，你又屈辱愤怒，自卑自轻。试问，你的尊贵与否是不是完全由富贵、名爵来决定的呢？如果你能看淡，那么你还是那个你，哪里有什么贵贱？所谓“以俗观之，贵贱不在己”。

还有是非。北海若说：“知尧舜之自然而相非，则趣操睹矣。”尧觉得自己是对的，桀纣等暴君其实也觉得自己没错。虽然他们的做法如冰炭之不相容，尧舜是以无为作为准则，而桀纣将纵欲美其名曰有为，这些人都觉得自己走在正确的道路上。这就是“以趣观之”，以个人的取舍、兴趣作为标准，得出各种是非的结论来。也就是说，你自认为客观的正确的道理，其实都有你自己的情感倾向。

从事物之间的相互作用看也是一样。两个事物，你硬要去看它们之间的关联，一定是能找到的，如果你执着于二者各自独立，那么它们也就没有影响。所谓“以功观之，因其所有而有之，万物莫不有。因其所无而无之，万物莫不无”。看似风马牛不相及的事物，有可能是有影响的。再进一步说，能看到相对立的事物之间可能有联系，才是通达的眼光。“知东西之相反而不可以相无，则功分定矣。”比如，牙齿和嘴唇功能完全不同，甚至有时候牙齿咬破嘴唇，但是“唇亡齿寒”，失去了对方就发现各自的依存。还有历史和时间的问题。北海若说，同样是“禅让”，尧舜做起来，效果就很好，天下太平。可是燕国的国君要把王位禅让给丞相子之，结果引来太子不满，领兵叛乱，天下混乱，国家被外敌入侵。为什么？时间、局势都变了。你说禅让一定比世袭好吗？这个也可能是一种偏见。

还有情势、处境、用途的不同。庄子做了个比喻，千里马日行千里，看上去很美，可是捕老鼠的功夫还远不及一只狸猫。猫头鹰在晚上连跳蚤大的东西都能一眼看见，换了大白天瞪大眼睛，丘山在前也看不清楚，换一个角度看，换一种局面，那些高大上的东西也就那样，不起眼的东西也许能派大用场。

所谓差别，其实都是人的主观视角、立场、情感、逻辑的影响。这一点，后人也看得很清楚。《吕氏春秋》讲了一个故事：一个人丢了斧头，他总以为是邻居家小孩偷的。只要一看到那个孩子就感觉像见到了小偷。看他走路的样子，像是偷过东西的，脸色也像是做贼心虚，动作态度都像是盗贼。不久挖沟发现了丢失的斧头，知道孩子清白后，再去看那个人，一举一动完全就是平常人的样子了。《吕览》中还有更加辛辣的寓言。有个想得金子的齐国人，一大清早穿戴整齐去金铺挑金子，看到有人手里拿着金条端详，就一把上去把金子夺过来，执法者把他抓起来审问，为何众目睽睽之下敢明抢，他却说：你看见的是人，而我的眼里只有金子，没有旁人。这个人的眼中只有金子，完全没有人，所以他的盲目和贪婪将自己推进了火坑。一个人的利令智昏，足以让他偏执极端。当然还有人深陷名利、权势带来的愚蠢中，对自己的固执、浅陋毫无觉察，极度自信。

明代郎瑛的《七修类稿》讲了这么一件事，沈石田送给苏州太守一幅《五马行春图》。太守大人看后大骂："我在画里面怎么一个跟着的随从都没有，太丢份了！"沈知道后，马上另外画了几个随从再送上去，太守大喜。沈于是讽刺他说："可惜画布太短了，不然再画三对仪仗兵就好了。"太守竟然没听出来嘲笑，客气地说："算啦算啦！"外行毕竟不懂艺术，还附庸风雅，闹点笑话也就算了，可是有些人却太过于自以为是了。

无独有偶，陆游在《老学庵笔记》中描述了奸臣童贯死到临头时令人哭笑不得的盲目与傻乐。

钦宗即位后，要诛杀祸国殃民的奸臣童贯，派御史张达明带着诏书去取其人头。到了童贯贬所岭南南雄州，张达明怕他闻讯先行自杀，就先派一个人哄骗他来见自己。"达明恐其闻而引决，则不及正典刑，乃先遣亲事官一人，驰往见贯。"使者到了以后对着童贯一通叩拜，恭敬至极。贯问缘故，来人忽悠他说："有诏遣中使赐茶药，宣诏大王赴阙，且闻已有河北宣抚之命。"意思是皇帝下诏，要赐您药材茶叶慰问您，宣您入宫，大概前线战事吃紧，需要重新起用您坐镇指挥。童贯听后天真地问："是真的么？"来人回答说："您走以后，新任命的那些将领水平不行，缺少作战经验，还是得用您。"童贯听了非常高兴，对左右说："看样子又是少不了我童某人。"于是洗干净了脖子耐心等任命（死）。第二天，张达明来了，立刻取下了他的人头。随后，张达明命令将童贯的首级用匣子装好，还用生油、水银浸泡起来防腐，用生牛皮套在匣子外面，随时带在身边。在路上听说童大将军的嫡系部队有敢死队想要抢走他的头颅，张达明害怕弄丢，于是就把匣子放在自己轿子里，干脆坐在上面，战战兢兢地回到了京城。童贯至死还沉浸在重新被起用的白日梦中。作为宦官，能封王爷，说明自己带兵打仗确实有一套，所谓收复"幽云十六州"的往事（虚名）好歹也并不如烟。但是他高估了自己的资历和能力，更无视皇帝、官员、百姓对他的恨之入骨，要把他的人头当国宝级展品收藏，最后让自己的死也成了笑柄，这岂不是比河伯更愚蠢千倍。

差异本身就是世界的本来面貌。看淡差异，消弭矛盾，有时候是很难的一件事情，但是很值得我们每一个人去做。这个过程在庄子看来就是克服主观偏见，转换视角，走出自我，回归自然，回归道的过程。明人郎瑛曾经问过一个犀利的问题：唐玄宗对兄弟非常友爱，经常可以与他们睡在一张床上，怎么从没听说他是个孝子，对儿子也够狠心。华歆、管宁、邴原是那么好的朋友，他们的志趣一定有相同的地方，可为什么品行善恶、价值观差那么大。子路刚强，弥子瑕“以色悦人”，两个人是怎么相处的呢？这其实正反映了人性人情的规律，我们能够不为差异和矛盾失去对他人的善意和真诚，因为差异的另一面有“同”的存在。所谓“以功观之”，“知东西之相反而不可以相无”。

天真的性情

李白诗云："剧谈怜野逸，嗜酒见天真。"这里的"天真"是不拘于外在束缚的一种直率，是真我高贵的展现。李白实际受庄子的影响。庄氏的"天真"有重视自身本性的意味，还有一种不受外物干扰的清醒。

北海若让河伯明白，像他这样拘泥于主观的视角，运用智识、成见、逻辑、情感、立场去看待世界的人太多了，他们忽略了最根本的属于我们自身的东西。"夔怜蚿，蚿怜蛇，蛇怜风，风怜目，目怜心。"(《秋水》)一条腿的夔羡慕多足的蚿，人家走起来多省力，多足的蚿羡慕无脚的蛇，人家走起来阻力更小。而蛇却羡慕风，一阵过去，迅疾无比，风却羡慕眼睛，目光所及，比风要更快，而目光却羡慕人的心灵。眼睛看不到的地方，心中一想就清楚了。多足的蚿对蛇说，我那么多脚走路，却还赶不上你个没脚的，为什么？蛇说，我是按照"天机"行走的，与生俱来，养成习惯，根本无法改变，哪里用得上脚呢？所谓"天机"，就是天生的能力，与其纠结于模仿别人，不如做回自己。夔、蚿、蛇、风一味追求外物的能力，渴望超越自身，却不曾想，自身的能力已经是极限，而自身的精彩还没有完全体现和开发出来。因为它们忽略了天真的意义。

什么是天真，庄子借北海若之口这样解释：牛马四只脚，就是其天性。而非要套上络脑、辔头，穿牛鼻，这就是人为的害处。不以人为措施去害其天性，不以获取虚名而谋求什么，这就是“真”。马蹄子可以踩踏霜雪，毛可以御寒，渴了喝水，饿了吃草料，也不需要住什么高台大屋。这是再自然不过的事情。在庄子看来，自从有了伯乐，用烧红的铁烤马的毛，用刀修马鬃，钉马蹄甲，烙制马印记，用络头和缰绳来拴它们，用马槽来安排它们，没多久，马就死去十分之二三了。饿了不给吃，渴了不给喝，让它们或急或快地奔跑，让它们步伐整齐，让它们行动划一，前有横木和马络的限制，后有皮鞭和竹条的威逼，这样一来马就死过半数了。

而对人的限制则更令庄子气愤。他把矛头指向儒家的礼法。“演门有亲死者，以善毁爵为官师，其党人毁而死者半。”（《外物》）他说你看东门有个人死了父母，他就哭得呼天抢地，差不多要毁容了，结果靠着这份“虔诚”做了官，现在他的老乡们都纷纷效仿，结果哭死了一半人。这就是人为的行为是丑恶的“虚伪”，哪里是情感的真诚。庄子把某些儒家之中满口仁义道德，沽名钓誉，骨子里却卑鄙猥琐的人比作是盗墓贼。

儒以《诗》《礼》发冢，大儒胪传曰：“东方作矣，事之何若？”小儒曰：“未解裙襦，口中有珠。《诗》固有之曰：‘青青之麦，生于陵陂。生不布施，死何含珠为！’”“接其鬓，擪其颧，儒以金椎控其颐，徐别其颊，无伤口中珠！”

“儒以《诗》《礼》发冢”，意思是儒者其实是以《诗经》《礼记》为幌子，行的是像盗墓那样缺德害人的勾当，以道学自居，却做起极不道义之事。墓口的大儒吟起诗来：“东方作矣，事之何若？”太阳升起来了，事儿快好了么？墓底下的小儒也应和：“未解裙襦，口中有珠。”“衣服刚刚解开，嘴里好像有珠宝哎。”大儒接着背诗，《诗经》里不是说了嘛，

“青青之麦，生于陵陂”。你活着的时候好东西不拿出来分给穷人，死了以后还含着干什么！探到宝贝的大儒这个时候淡定不下去了，显出老本行来——“你赶快压他的两鬓，按着胡子，再用锤子敲下巴，慢慢分开两颊，不要碰坏了嘴里面咱们的珠子！”庄子用如此刻薄的言语去形容儒家的某些伪君子，影响了很多人。一直到宋代，郑叔友在《崇正论》中还批评孟子：“轲，忍人也，辨士也，仪、秦之流也。战国纵横捭阖之士，皆发冢之人，而轲能以《诗》《礼》者也。”（罗大经《鹤林玉露》）意思是孟子本质就是苏秦、张仪那样有文化的流氓，是“掘人家祖坟”的知识分子。这就是用的庄子的典故。

《盗跖》一篇进一步黑化了儒家。古代流民的领袖盗跖历来被宣传为吃人心肝、掠人城池的恶魔。他的哥哥柳下季劝好友孔子去教导盗跖弃恶从善，也算是尽到兄长的责任。老实人孔丘大义凛然地前去劝导，没想到却遭到来自食人魔的死亡威胁——“最恨你们这些搬弄是非的儒生！你说的话合我心意，就饶你不死。不然，挖你的心肝下酒！”孔子赞颂盗跖身材魁梧，相貌俊朗，天文地理无所不知，才智过人，勇敢英武，又是将才。他说，长得帅、武功高、智商高，这是古人所说的三德，一般人具备一德都难，您三者兼具，如果您给我权力为您出使诸国，帮你积累人脉，建造大城，汇聚人才和百姓，使您成为一方诸侯，那人生就圆满了。可是您偏偏做了流寇，被人称为“盗跖”，真的是很可惜。盗跖却冷冷地回应了他，你们儒家向来是以功名利禄来引诱人的。这个糊弄一般顺民是可以的，忽悠我就不行了。要说诸侯的权力，比不过天子，当年尧舜统治天下，商汤周武开疆拓土，现在他们的子孙连锥尖大的立足之地也没有。原因就是他们对天下贪得无厌惹来的祸。神农、有巢氏统治的时代，人们不知道有父母，优游自得，自给自足，从不觊觎别人的东西，也没有争夺之心，那是黄金时代。而从黄帝和蚩尤争夺天下开始，一直到商汤灭夏桀，周武伐商纣，你争我夺尔虞我诈，人间从此就不太平了。

“今子修文武之道，掌天下之辩，以教后世，缝衣浅带，矫言伪行，以迷惑天下之主，而欲求富贵焉，盗莫大于子。天下何故不谓子为盗丘，而乃谓我为盗跖？”这些叛乱者、弑君者的理论被你说得天花乱坠，到处蛊惑人心，迷惑天下诸侯。换取高官厚禄，你的学生子路好好的武艺不修，被你骗去高帽儒服，为了斥责卫国的乱臣，被砍成了肉酱，你自己被困在陈、蔡之间，走投无路，你那套东西还说给我听！你才是天下害人不浅的大盗，怎么没人叫你“盗丘”！

庄子和他的门生，未必是在全盘否定儒家，在他们的言论中，孔子等人的形象其实有负面也有正面，有时不排除是假托形象，表达自身观点。但是，对于后天的“人为”的学习、礼仪、法度和典章制度，庄子本身是持保留态度，它们对于人之纯真天性有蒙蔽。失去天真的人生，或许不一定违背道德，不影响文明，但极有可能是不美的，是失去诗意和快乐的人生。庄子的天真其实很大程度上影响了后世的审美观和艺术观。《天运》一篇中打了个比方，本来东施虽然丑，但是大家也没觉得怎么样啊，经常看见也就习以为常了。自从她效仿西施捂胸口，惺惺作态之后，人们才感觉到这人真丑，厌恶到了干脆闭门不出，迁居他处的地步。秉持自然，丑人也会看顺眼；故作姿态，姿势再美，也只能让人厌恶。

真正美丽的人生，有时候贵在“天真”二字上面。偶尔说谎，或者做出违心的事情，人们可能不觉得怎样，但是如果你的工作、你的家庭、你的生活逼迫你天天要去说谎，要违背自己的善良的本性，那么你还愿意这样么？会不会想要换个活法？毛姆的小说《月亮与六便士》以画家高更为原型，讲述了一个叫查尔斯的银行职员，为了学画，放弃了高收入的职业，放弃了妻儿与家庭，放弃了国籍，在太平洋小岛上过着贫病交加的日子，最后眼盲而死。作家刘瑜这样评价：“别人的人生都是做加法，而他的人生是在做减法。”梦想就像刀锋一般，锋利而妖娆。我们并不认可查尔斯割舍对妻儿的责任和情感，却能够理解他对自己天性的认可，对身外之物毫不吝啬的舍弃。这样的人生，其实是残酷而诗意的。

相比较而言，中国古人的天真带来的是同样的诗意，却更闲缓、惬意。苏轼不懂棋，但是他喜欢看人下棋，能从中找到属于自己的乐趣。《观棋》一文中苏轼说自己从小就想学棋，但是不是这块料，悟性有限，总也学不会，儿子苏过稍微懂点，坐在旁边，看着朋友和孩子一起下，真的是挺有趣。关键是在流水松风之间听那棋子的声音，体会那份安静与孤独，就足以自娱。后世人总是强调这句“胜固欣然，败亦可喜”多么有道理。其实棋盘上的胜败可以看淡，这种难得的对胜败荣辱的优哉游哉之情，才更是让苏轼沉醉的。何必要动脑子呢？一点点门外汉的快乐，这就是天真的人生，不一样圆满么？陶渊明所谓“好读书，不求甚解”，难道不也是因为这样才令人向往？

文天祥喜欢在溪水里泡澡的时候，和棋友下盲棋。邓光荐《文丞相传》中记述，他与棋友周子善两个人想象水面就是棋盘，你走一步，我走一招，不亦乐乎。旁边的人受不了都走了。这两个人真的是废寝忘食——“惟公逾久逾乐，忘日早暮，或取酒炙，就饮啖。”当朝宰相，状元公有这样的趣味和闲工夫，想想也不可思议。然而当元兵入侵，满朝文武面面相觑，不知如何是好，唯有文天祥大义凛然地踏上了这条殉国之路。当一个人能凭借真性做事，不被利害得失、世俗物议干扰，他能办得成惊天动地的大事业。

相忘以修心

至人是能够做到返天归真的。其关键在于一个字——“忘”。忘却一切与天真作对的东西，一切遮蔽我们天性与自然的外物。

“有治在人，忘乎物，忘乎天，其名为忘己。忘己之人，是之谓入于天。”（《天地》）忘却花花世界、魑魅魍魉，忘却周旋于世间的心机、焦虑。这些都是与己相对的“物”。我们还要忘却“天”，即本性。实际上，你如果还在心心念念诗和远方，旷野、天地，就会抱怨自己的不自由，这本身就不是真正的超脱，如果连这些都不再耿耿于怀，那就是忘的更高境界。第三，就是要“忘己”，只有真正忘掉自己的人，才是实现了天人合一，与道融合的自由。所谓“人之所不能忘者，己也。”自己是最难忘却的。怎样才算是庄子说的“忘我”，怎么样做才能“忘我”？

《齐物》开篇有一个叫南郭子綦的人。他靠在几案上仰天发呆，似乎在缓缓吐着气息，看他的脸色像是干枯的树木，看他的精神似乎又是如死灰般了无生趣，好像他的精气神和智慧都已经消失殆尽了。他对旁边的颜成子说，自己已经进入了忘我的境界。因为没有自我主观的遮蔽，所以他能够听到常人无法直觉的“天籁”。丝竹吹出的乐曲，这是人籁，而大地的空窍发出的各种声响，比如各种各样的风声是地籁。它们都是有形的，可以相互区别的，并且受外在条件的影响。如深谷的风声与林间的风声不同。但是“天籁”不同，它似乎无迹可寻，也没有区别，更不受外界作用，完全是自我驱动，自给自足，浑然一体的。这里令人惊叹的是南郭子綦竟然忘却了自己的“精神”，连智慧、主观的意志似乎都已经被摈弃。所以他能倾听寻常人无法触及的“天道”。真正的忘我是对精神的忘却。

关于摈弃智慧，庄子在《天地》篇中用更形象的寓言来解释——“黄帝游乎赤水之北，登乎昆仑之丘而南望，还归，遗其玄珠。使知索之而不得，使离朱索之而不得，使喫诟索之而不得也。乃使象罔，象罔得之。黄帝曰：‘异哉！象罔乃可以得之乎？’”黄帝不慎将玄珠掉进了赤水。先是让知去找，结果没找到。知喻指依靠“智识”去索寻，庄子的意思是仅靠智慧并不能通达道。让离朱去找，从名字看离朱是视力特别好的人，却依然无果。让喫诟（比喻能言善辩）去找，还是找不到。这才派上了象罔，一下子就找到了。黄帝感慨，真没想到，只有象罔才能找到它！“象罔”，象即有，罔即无，似有似无，若虚若实，这样的人在现实中估计是个糊涂蛋，近在眼前的东西是看不清楚的，但是对于“玄珠”这样玄妙的东西，他却能抓住。玄珠比喻“道”，对于“道”的把握，先要学会舍弃，分别舍弃智慧、言语、感官，最后进入有无相生的混沌。这也就是南郭子綦“丧我”的一种途径。

弃智是“忘我”的一个方面，还有更重要的则是“去欲”。这个过程庄子叫“心斋”。让自己的心变得“虚静”，一切杂念没有干扰，就能达到心如死灰，进而游心于物而不为物拘牵。《大宗师》里讲到颜回要到卫国去，因为那里的国君年轻气盛、鲁莽草率，百姓陷入水深火热之中，他想起孔子讲过的话，“看见清明的国家就可以离开，看见混乱的国家要敢于走进，医生的门前不怕有很多病患”，（“治国去之，乱国就之，医门多疾。”）所以就想去给卫君治病。孔子一看这孩子读书傻掉了，赶紧规劝他，你现在去估计就是被杀的命运，因为你自己还没有修行到位呢！颜回赶紧问如何才能提升自己，胜任这一使命。孔子说要“斋戒清心”。颜回说，我去以前饿了好几天肚子，而且澡也洗过了。孔子说，我说的斋戒是心斋。“你要摒除杂念，专一心思，不用耳听，用心去领悟；不用心领悟而用虚无的心境去感应！耳的功用仅在于聆听，心的功用仅在于跟外界事物交合。寂静、虚无的心境才是柔顺而能顺应宇宙万物的，这种虚无空明的心境就叫作‘心斋’。”这里所谓的“心斋”就像斋戒时戒除荤腥一样，要把“欲望”给戒除掉。耳朵听、心里想都属于主动地欲求，即我想听、我想……把主动化为被动，外物来，接受、顺应就行了，自己的内心要保持被动，平静、虚空、自然而然的。庄子说，圣人的“静”其实不是故意做出一动不动、安静的样子，而是像一面镜子一样。万物都可以映射其上，自己是包容而不干涉的。心斋使得物与我的界限消失，一切都是自然而然融为一体的，这样的话，“我”又复活了，只不过，此时的我是自由的，是无限的，超越万物之上，又似乎来自万物之中。

“坐忘”是另一种修行的方法。《大宗师》里讲，颜回遇见孔子很高兴地说，我进步了。孔子问，哪里进步了，答曰忘记了仁义之道。孔子说好，但还不够。再见孔子，颜回说我又进步了一些。孔子问哪里进步了，回答说忘记了礼乐的美好。孔子说好，但还是不够。隔几天再见，颜回说自己真的进步了。孔子问他，他说我这次“坐忘”了。

孔子大吃一惊，赶忙问：“什么叫‘坐忘’？”颜回答道：“毁弃肢体，退化视听，脱离躯体，抛弃智慧，与大道浑为一体，这就叫静坐而物我两忘。”孔子说：“与万物同一没有偏好，顺应变化就不拘泥常理。真是贤人的境界，孔丘我也请求步君后尘。”

“坐忘”的“坐”是一种顺应的姿态，它不去主动求取，在顺应自然中，忘却外物和自我。“坐忘”看似与“心斋”方式不同，实际结果都是与道交融。

“忘”的本质是走出个体主观意识的局限，实现一种通达，返归天真。做一个物我两忘的真人并不容易，但是摈弃机心、偏见，少一点比较和计较，却是一种通达的智慧。

《红楼梦》第二十一回里贾宝玉看到庄子的《胠箧》，大发感慨，“焚花散麝，而闺阁始人含其劝矣。戕宝钗之仙姿，灰黛玉之灵窍，丧减情意，而闺阁之美恶始相类矣。彼含其劝，则无参商之虞矣；戕其仙姿，无恋爱之心矣；灰其灵窍，无才思之情矣。彼钗、玉、花、麝者，皆张其罗而穴其隧，所以迷眩缠陷天下者也”。很少看见宝哥哥对姐妹们这么抱怨，意思是，要是减少林妹妹的聪明和敏感，减损宝钗的美，袭人、麝月要是没那样动人，我就不会有那么多烦恼，整天按下葫芦起了瓢，周旋其间，怎么也不是。闺阁女子如果美丑、智慧都差不多，就不会惑乱天下人了。林黛玉看到他写的这段戏谑后，冷语讽刺他——“无端弄笔是何人？作践南华庄子文。不悔自家无见识，却将丑语诋他人！”宝玉牵强附会的埋怨，其实牵出了曹雪芹对世间风云的见地。人们看待世事人情之所以会有偏见、昏惑，也就是出于感性、智识的偏执，看到美的就亲近，被聪明合理的谎言绕进去，如果世界都是浑朴幼稚，那么真的会少掉很多烦恼、矛盾和灾难。通过庄子看似夸张的言语，去理解和包容浑朴的生命力，其实有利于打开视野，反思自身。

生死的通达

苏格拉底说："真正献身哲学的人所学的无非是赴死和死亡。"（柏拉图《申辩篇》）人类最根本的、持久的思考是针对死亡的，因为人从懂事起就知道自己肉体的易朽，都在想象着灵魂永生的场景。海德格尔认为，畏死是人通向本真存在的关键。换句话说，人区别于动物，因为人对自己必有一死有担忧和思考。

与西方不同，乐生恶死，是我们文化传统中重要的观念。例如，先秦影响力极大的儒墨两家在看待生死上有相似处——"天欲其生而恶其死。"（《墨子·天志》）"人之所欲，生甚矣；人之所恶，死甚矣。"（《荀子·正名》）。人的本性，都是渴望生命厌恶死亡。当子路向孔子问死的问题时，孔子是回避的，他觉得更重要的事情是生者的责任和有为。"未知生，焉之死。"《荀子》记载，有一次，子贡对孔子发牢骚，觉得学业太苦太累，希望能够休息休息，去做做官，侍奉君王，体验一下慢生活。孔子却严肃地纠正他，意思是侍奉君王怎么是休息，应该更累。子贡感叹，什么时候才是休息的时候！孔子说："你的坟墓像小山一样立起来的时候，你就有足够的时间休息了！”这话刺痛了子贡，他觉得和死比起来，人生太短暂、宝贵了。发誓绝不虚度，哪怕死也要有价值。“大哉，死乎！”

而在面对生命短暂、无常时的悬解和超然，则是道家给予我们重要的精神财富。庄子首先告诉我们要重视生命，不要为了富贵功名，白白浪费有限的人生，特别是要更看重身体、自然与本真。《让王》篇记载，有一次，中山公子牟对瞻子说：身在乡野隐居，心里却老放不下朝廷里的琐事，这可怎么办？瞻子回答说：“学会看重生命，比较之下，利益就显得微不足道，也不会纠结了。”

但是再健康的生命也有终结的那一天，生命毕竟短暂，死亡终将来临。庄子劝说我们，不要畏惧死，因为死是回归本真。《大宗师》一篇中说子桑户、孟子反、子琴张三个人是好朋友，子桑户死了，孔子让子贡去吊唁，没想到孟子反和子琴张两个人在他的尸体旁载歌载舞——或编曲，或鼓琴，相和而歌曰：“嗟来桑户乎！嗟来桑户乎！而已反其真，而我犹为人猗。”意思是你老兄一死，返璞归真了，而我们还拖着个人的皮囊在这尘世挣扎。孔子听说后对子贡讲，这些人把人的活着看作肉瘤一样多余，把人的死看作是毒疮化脓后的溃破。对他们来说，生和死有什么优劣之分，生命不过就是假托于不同的形体，它们看上去不同，本质上都是依托于“道”这个整体的。“假于异物，托于同体。”

有了对死的重新认知，就不会计较生死之分，也就失去了很多痛苦，对一切都看淡，那人最大的哀乐也就不复存在了。庄子在《养生主》一篇中讲，老子死后，秦失来吊唁，大哭几声就走了。老子弟子们纷纷指责他不诚心。秦却说，你们跟着老子那么多年，原来还配不上做他的弟子。你们一个个哭得那么伤心，像老人哭自己死去的孩子，像孩儿哭去世的母亲。其实你们本不想哭泣，在这里受到了别人的影响，却不得不哭。这样违背本性，违心而为！碰巧来到这个世上，你们的老师是应时而生，碰巧离开人世，你们的老师也是顺时而死。一个人能够做到安时处顺，喜怒哀乐就都不能侵扰内心，古时候人们称之为上天解众生倒悬之苦。

中年庄子更加奇幻的漂流经历发生在楚国。据说他路上遇见了一具骷髅。他问这位仁兄，大意是先生怎么成了这般模样。生前是不是经历了饥寒的折磨、斧钺的戕害，是因为羞愧而自尽，还是享受天年无疾而终呢？他顺手把骷髅头拿回去当枕头，当天晚上，骷髅托梦给他了。骷髅先赞扬他善于辩论，却也批评庄子眼里都是些活人的负累，其实人死了以后，就没有那么多烦心事了。“人只要一死，上无国君的统治，下无官吏的管辖；四季的操劳没有了，从容安逸地坐看时间流逝，天长地久，即使南面为王的快乐，也不可能超过。”庄子还是没有感同身受，他提出要让神灵恢复对方的形体，让骷髅返回到父母、妻儿、邻里和朋友故交中去。听完后，骷髅的表情很难看，他忧虑地说：“我岂能够抛弃南面称王的快乐而再次经历人世的劳苦呢？”

死亡为何是如此诗意的事情，根本上说是因为生死只是一种形态，它们的本质不过是道的运动。老子、骷髅都是这个无限运动的一个环节，从狭隘的视角看，死是生的消亡，是生命的失去，而从道的变化这个最真实的视角来看，什么都没有损益，一切都是永恒世界自然而然的展现。就像骷髅所说的，活着的人觉得死了很可怕，可是死人经历了地下世界以后才发现，活着才是困惑，死后的世界有其自由。一切都是视角的局限，而这种局限又让很多贪生畏死的人陷入束缚。当你看淡生死，发现其本无差异的时候，你反而能从生的困惑和患得患失中走出来。

当庄子看透死生之辨的时候，他的生命就变得博大而曼妙了。庄子去世前，学生要给他准备很多陪葬品。庄子拒绝了——“吾以天地为棺椁，以日月为连璧，星辰为珠玑，万物为赍送。吾葬具岂不备邪？何以加此？”“我把天地当作棺椁，日月当美玉，星辰作珠玑，万物都是我的陪葬。难道还不够多吗？哪里用得着别的这些东西！”弟子们说：“我们担忧乌鸦和老鹰啄食您的遗体。”庄子笑笑：“尸体在地上将会被乌鸦和老鹰吃，而深埋地下将会被蝼蚁啮咬，你们夺走乌鸦老鹰的食物再交给蚂蚁，不公平啊！”

然而庄子对于生死最独特的看法，不是齐同生死，而是完全突破生死的界限，展现的是非生非死的混沌境界。《大宗师》中女偊介绍自己的学“道”经历，最后第九天，他已然忘却了自身，他的心超越了古今，进入了无所谓生、无所谓死的“撄宁”境地。“无古今，而后能入于不死不生。”这是最合乎道的。

受庄子思想的影响，士人在面对死亡时有更泰然和从容的表现。甚至，在生命被强权剥夺时能够体现出足够的度量和风雅来。“夏侯玄既被桎梏，时钟毓为廷尉，钟会先不与玄相知，因便狎之。玄曰：‘虽复刑余之人，未敢闻命。’考掠初无一言，临刑东市，颜色不异。”君子面对小人的侮辱、死亡的威胁，始终镇定自若，既没有慷慨陈词，也没有破口大骂以示刚烈之节，表现出的是对世俗的不屑、即将步入彼岸的高蹈。

《世说新语》记述，嵇康得罪了司马氏，被诬陷杀害，在东市受刑时，神色不变，他要来琴弹奏《广陵散》。弹罢说道：“袁准曾经要学弹此曲，我舍不得没有教他，可惜《广陵散》从今以后就失传了！”当时有三千多太学生上书朝廷，请求拜嵇康为师，嵇康死后，连罪魁司马昭也后悔了。嵇康的人生梦想是脱离尘世，颐性养寿，现在为了原则不得不死在这污浊的尘世，他的从容全然不显得刻意，反而似乎是早有准备。耐人寻味的是，他不吝惜自己的身体，却偏偏心疼那一曲《广陵散》，自己生命与乐曲的生命似乎同等地存在，这样的达观可以称得上是“以道观之”。

面对机巧的技艺

如果我们回溯上古神话，就会发现，炎黄的子弟们多是技术控，放在今天可以成立一个发明家协会。据《山海经》记载，炎帝的孙子伯陵生了三个儿子，分别是鼓、延、殳，前两位发明了钟鼓，后者发明了箭靶。黄帝的儿子晏龙发明了琴瑟，曾孙番禺发明了船，番禺的儿子发明了车子。而大名鼎鼎的炎帝（火神祝融）之子共工，名字本身就是“大的工匠”的意思。有学者推测，作为火神祝融的儿子，共工的技艺或许和冶炼锻造的技术有关。这些人凭借着某种技艺、发明，成了文明进程中的英雄，甚至被当作神明一样。在古代，手工业者的地位并不算高，但人们对于技艺的崇拜却丝毫不减。黄帝有一个孙子叫巧倕，他是世间各种工艺技巧的发明者，可算是百工之祖。

但是在庄子的寓言故事中，技艺的价值要区别看待。如果技艺仅仅是对工具的熟练，对外物的依赖，那么这样的技术则是有损于道的。这样看来，巧倕就成了被抨击的对象。《胠箧》中说：“毁坏钩弧和墨线，抛弃圆规和角尺，弄断巧倕的手指，天下人方才能保有他们原本的智巧。”

表面上看擅长技艺的人是聪明，其实依赖这些小技、专技会损害人大的悟性和通透。而长期使用工具的过程中，人的本性就被消磨了，“且夫待钩绳规矩而正者，是削其性者。待绳约胶漆而固者，是侵其德者也”。(《骈拇》）意思是借助曲尺、墨绳、圆规、角尺来端正事物形态的，是损害事物本性的做法；借助绳索胶漆使事物粘连稳固的，是伤害事物天然禀赋的办法。更严重的是，工具会助长人的机心、算计心。《天地》篇中讲子贡经过汉水，看到汉阴丈人在那里凿井种田，抱着水瓮来来往往浇灌，走了那么多路只能浇很少一点。子贡说，有一种机械，每天可以灌溉一百块菜地，难道您不想尝试一下，何必这么费力？老人抬头问是什么，子贡提到了后面重前面轻的桔槔，说它从井里面提水，速度快得犹如沸腾的水向外溢出一样。没想到老人却面露讥笑，愤愤不平地说：“我不是不知道你的办法，而是羞于这样做。因为机械带来机巧之事，机巧之事生成机变的心思。机心存留在胸中，那么心境就不再是纯洁完整的，心境乱了，精神就不会安定，人也就不能承载大道。”

庄子对技艺的态度是独特的。他并不反对巧智和技艺，但他绝不像一般人那样把技术看成是智力、天赋和训练的必然结果。伟大工匠的技术之所以高超，是因为合乎人的天性，合乎宇宙万物的规律，是道的体现。如果一个人过分依赖机巧、依赖外在的工具，忽略了内心对外物的顺应和结合，那技巧就会变成低级的技术，会泯灭人最宝贵的智慧。简而言之，技术要和道兼容。“技兼于事，事兼于义，义兼于德，德兼于道，道兼于天。”(《天地》)“技术”与“道德”之间隔着“事物”和“义理”，而事和义则是人在现实中的行动。也就是说，通过人的行为，技和道能够兼容。那么人们应该怎么做来实现技与道的回归呢？其实就是无为，顺其自然，甚至是物我两忘。

庄子用一系列工匠的形象来说明这个道理。

孔子在树林里看见一个驼背老人正用竿子粘树上的蝉，轻松得就像在地上拾东西。孔子赞扬老人技术的精巧，问他有没有门道。驼背老人说："用我的办法，经过五六个月的练习，在竿头累叠起两个丸子而不会坠落，失手的已经很少了；叠起三个丸子而不坠落，失手的可能十次不会超过一次了；叠起五个丸子而不坠落，也就会像在地面上捡东西一样容易。"接着，老人开始讲述他的办法——"我立定身体，像临近地面的断木一般，我举竿的手臂，像枯木的树枝；虽然天地很大，万物品类众多，我的眼里只有蝉的翅膀，从不思前想后，左顾右盼，没有任何东西能干扰我，为什么不能成功呢！"孔子转身对弟子们说："运用心志不分散，就是高度凝聚精神，恐怕说的就是这位驼背的老人吧！"

有一次，颜渊向孔子赞叹摆渡人的技艺。"我问他，驾船学得会么？"摆渡人说："善于游泳的人很快就能驾船。若是善于潜水的人，他就算没见过船也会熟练驾驭。"当颜回进而问他驾船方法的时候，摆渡人却沉默不语了。颜回请教老师，摆渡人到底是什么意思。孔子一看就明白了，他说："善于游泳的人很快就会驾船，这是因为他们熟悉水性，处之自然。善于潜水的人曾见到过船就能熟练地驾驶船，是因为在他们眼里，深渊就像陆地上的小山，见过的船翻犹如车子倒退一样。船翻车倒在他们眼前太常见了，不能扰乱他们的内心，所以无论到哪里都能从容自得！同样是赌博，有人用瓦器作赌注，技术高超发挥出色。有人用金钩作为赌注，就会患得患失。而有人用黄金作为赌注，他们就容易头脑发昏内心迷乱。赌博技巧本是一样的，而有所顾惜，就是因为看重身外之物。过分看重外物的人，他的内心一定是笨拙的。"

鲁庄公召见"车王"东野稷，发现他驾车时不论进退始终是一条直线，转弯时的弧形总是非常规整。庄公觉得，东野稷驾车就像大姑娘绣花，路线形态精致极了。一时兴起要他再转一百圈。颜阖对庄公说："东野稷的马一定会失败。"庄公默不作声。不多久，东野稷果然失败而回。庄公问颜阖是怎么知道的，颜回答说："马都没劲了，还要它转圈跑，一定会失败。”

《达生》篇中这几位技艺达人共同的优点就是做任何事情，眼睛不是盯着外物，手脚不被对象牵着走。用今天的话，一招一式、一撇一捺都是走心的。如果仅仅是专心致志，一般人还是达不到这种境界。更重要的是，心与物仿佛是一体的，二者从来就没有割裂过，一切都是自然而然。驼背老人所说的专心，其实是为了排除干扰，让行动者回归本心，自然就能将事情做成。

庄子的世界里，心物同一最高的境界，无疑是庖丁解牛。庖丁为梁惠王宰牛，水平高到什么程度？手、肩膀、膝盖、脚所触及的地方，都是哗哗作响。连同刀子进出时嚯嚯的声音，连在一起，简直就像是交响乐。完全合乎上古先王时舞乐的节拍。别的厨师，因为切肉的磨损，每年都要换一把刀，而他连续十九年用同一把刀，并且锋利得像新的一样。庖丁师傅一挥刀，肉和骨立刻分离，居然像泥土散落在地上一样干净利落。一头牛杀完，他还优哉游哉，笃笃定定地擦擦刀，脸上露出满意的、轻松的笑容。这么厉害的功夫是怎么练成的？且听庖丁娓娓道来：“我追求的是道，已然超越一般技术。我刚开始宰牛的时候，眼里看到的是一头完整的牛；三年以后，再未见过完整的牛了。现在，我凭精神接触牛，而不用眼睛去看，感官沉寂但精神在活跃。我根据牛的生理结构，切入牛体筋骨相接的缝隙，顺着骨节的空处进刀，顺应牛本来的构造运刀，筋脉相连的地方，甚至是筋骨结合的地方，尚不曾拿刀碰到过，何况大的骨头呢！”在庖丁眼中，牛已经不再是凭借感官去支离破碎地把握的对象，它背后的道与自然（缝隙、骨节）被解牛者的精神感触到，顺势而为就可以了。在这个过程中，对象的生命和自然之性首先得到了尊重，先顺应牛的身体解剖，所谓“养生”，而后，心灵与外物在道的层面齐同、谐一，这样一切问题都迎刃而解。庖丁也有不那么轻松的时候。当看到难以下刀的地方，他会屏气凝神，目光聚焦此处，缓慢而谨慎地行动。此时，视力的运用是为了让精神重新回归道的轨道，不让自己的主观盲区割裂与道的关联性。

庄子对技艺的理解也为后人所验证和实践。明代著名画家龙骧为了画好梅花，曾经遍寻《梅谱》。他先是听说刘世儒有这画梅利器，千里迢迢去浙江索求，没想到世儒已死，不甘心就这样走，于是在当地四处打听那本画谱。当地人将他口中的“画梅”误听为“画眉”，于是介绍说，咱们西湖的李四娘“画眉”谱有十几种，名声在外，可以拜访。龙兄绕着西湖挨家挨户敲了三天三夜的门，终于看到了一个自称是四娘的老奶奶，她说我是杭州市“民政局”注册的官方媒人，一般领导请我来说媒，画梅花我不懂。从“画梅”到“画眉”再到“话媒”，已经绕晕的龙骧心灰意冷地回了家。一天坐在院中发呆的他看到中庭的梅花初开，在白雪明月的映衬下，梅影落地，显现出倔强、简傲、横斜的样态，宛然就是一幅画。他忽然跳起身，挥笔而就，口中念念有词说：“我明白了！”从此龙骧画梅的名声大噪。这个故事告诉我们艺术源于生活的观察，而不是某些书本教条。换个角度看，画工自身的体悟和沉浸，要比技巧的传授和模仿更为关键。这样一来，梅自身的性灵、自然就如同牛的身体中的缝隙，真正地与我的精神有了联系，不再是抽象的、割裂的。

最理解庄子的是苏轼。米芾曾关注过苏轼画竹的过程。据《画史》载：苏轼“作墨竹，从地一直起至顶”，因问：“何不逐节分？”苏轼回答“竹生时，何尝逐节生？”苏轼画竹子从头画到脚，不停顿一气呵成，这是模仿竹子的长势。而他所画的树木、石头，也是没有明显的轮廓界限，“作枯木枝干，虬曲无端；石皴硬，亦怪怪奇奇无端，如其胸中盘郁也”。在《文与可画筼筜谷偃竹记》一文中，苏轼叙述了自己的画竹理念：“竹子刚刚长出，只是一寸大小的萌笋而已，不过竹节、叶子已经都暗中具备了。从蝉皮那么大小的小笋长到参天巨竹，是天性使然。现在画竹子的人却偏偏一节一节地画，一叶一叶地累加，哪里还能表现真正的竹子？画竹子应该先是胸中有了形象，再拿笔细看，看到自己想画的那个片段，急忙落笔跟从自己的意念，追逐自己所见的场景，就像脱兔跳跃，像落雁降栖，稍纵即逝啊。”文与可教苏轼的这套办法，表面上是快，用文氏的话说，“拟将一段鹅溪绢，扫取寒梢万尺长”，其实是尊重生命的完整性，顺乎自然，在此基础上，身与物化，运笔无碍。难怪苏辙评价文与可的画法为得庖丁解牛之神。“庖丁，解牛者也，而养生者取之；轮扁，斫轮者也，而读书者与之。今夫夫子之托于斯竹也，而予以为有道者则非邪?”

言意之辨

“此中有真意，欲辨已忘言。”陶渊明用简淡的诗句告诉我们，语言既可以传递信息，同时却也是对“真”的遮蔽。据说，陶渊明不懂音律，但是他还留着一张无弦琴，每当夕阳西下，劳作了一天的诗人会喝点酒，吹吹风，坐在院中拍打着琴身，想象自己在演奏无声之曲，似乎也进入了无拘无束的真境。

陶潜得之于庄子的真传，将“无言”与“真意”的故事演绎得格外动人。在庄子的思想中，语言是一种表达意念的工具，但是如果不适时抛弃这一途径，思想就会局限。庄子说：“竹筍是来捕鱼的，捕到鱼后就忘了鱼筍；兔网是来捕捉兔子的，捕到兔子后就忘掉了兔网；言语是用来传递思想的，领会了意就忘掉了言。我到哪能找到忘掉言语的人和跟他谈一谈呢！”后世人们将“不落言筌”视作是极高的道家境界。对于语言的局限性，庄子是这样说的——“天地间恢宏壮阔的大美是不能用语言描述的，四季变化的规律也不能随便评论，而万物变化的道理更是不能够谈论。”

《庄子》外篇中有个叫“知”的人物，他在苦苦地寻觅道，就像人的智慧拼命地探寻着真理一般。知向北游历来到玄水岸边，登上名叫隐弅的山丘，正巧在那里遇上了无为谓。知对无为谓说：“我想向你请教一些问题：怎样凭借思考达到道？如何行事才能符合道？依靠啥办法才能获得道？”面对这一连串问题，无为谓都不回答，他其实是不知道如何回答。无果而返的知回到白水的南岸，登上名叫狐阕的山丘，在那遇见了狂屈。知将先前的问题再次请教狂屈。对方说：“唉，我知道怎样回答这些问题，我想告诉你，但刚想说的却又马上忘记了。”知于是又到了黄帝的住所，再去问黄帝这些问题。黄帝说：“不思考才能懂得道，没有行动才能够符合道，没有方法才能够获得道。”知的聪明在于后面的追问，他问黄帝，你和我都能总结出这个道理来，无为谓不知道这些道理，狂屈却偏偏忘了这些道理，那他们和我们比怎么样？黄帝说：“无为谓是真正正确的，狂屈接近于正确；我和你则不能接近道了。因为知道的人不说，说的人不知道，所以圣人施行的是不用言传的教育。道不可能靠言传来获得，德不可能靠谈论来达到。”后来，狂屈听说了黄帝的回答，感慨黄帝才是真正懂得道的人。这个寓言中，“无为谓”其实就是不去言说的意思，人一旦去表达、言说某个道理，就会陷入主观偏见中去。

在《知北游》篇中，庄子虚构了孔子向老子问道这个故事。老子叮嘱孔子，道是最玄妙莫测的，所以你先要把你自己的智慧弃绝，荡涤精神中的杂念，特别是管好自己的嘴巴，不要妄加议论。人的生命就像“白驹过隙”一般非常短暂，其间，身体的消亡和重生，生死的交替是再正常不过的事情，可是人类却偏偏要对生死的变化议论纷纷，“已化而生，又化而死，生物哀之，人类悲之”。而真正懂得道的人，根本不会对这些渺小的事情耗费口舌。“彼至则不论，论则不至。明见无值，辩不若默。道不可闻，闻不若塞。此之谓大得。”换而言之，“至道”的人保持沉默来体察道，而言说道的人其实就是没有至道。道不可听闻，也不可言说，不如对此保持缄默。

庄子理想的至道真人，坐在一块都像一群言语障碍症患者，仅靠眼神放电几乎就把重大社会人生课题全部搞定。《田子方》中说，温伯雪子神烦那些鲁国的儒生，拒绝他们的一切拜访，觉得这些人劝告自己的时候就像儿子伺候老子，开导的时候又像老子教训儿子，表情、言语、举止处处合乎礼仪，就像喷了定型水的模特一样矫情、死板。但是当孔子来了，两个人却四目相对，一言不发，久而久之，他们自己都陶醉其中了。孔子这样解释旁人眼中的这套行为艺术——“若夫人者，目击而道存矣，亦不可以容声矣。”意思是眼神击中对方的心灵，道就可以传递，相互理解就完成了。这样的意境，怎么能够让声音和语言来打扰呢？在通道的人看来，语言不光是累赘，根本就是干扰。

庄子语言观念影响深远。特别是崇奉道家玄学的魏晋六朝时期，名士道人推崇言外之意，形成处世论理的风尚。《世说新语·言语》中记载：

王坦之把同僚对青、荆二州人物的评价交给韩康伯看。韩康伯一语不发。王问为何不说话，韩却回答“无可无不可”。仔细想来，这里颇有老庄的奥妙。说他们好，可以有一堆理由，说这些人不好，也能讲得头头是道。表面上看是视角不同，受主观局限，但仔细想来，只要是用语言表达、评论，就一定是在局限之中。话语和真理总是有隔阂的，对于彼岸花，不如隔水观，不做妄议最为合适。

南朝裴松之笔下，就有这样一位“得意忘言”的才士。他在《马钧传》一文中记载了马钧的逸事。马钧是巧思绝世的工匠。他重新制造早已失传的指南车，制造的水车灌溉的功效数倍于前人，军事上能够设计出比诸葛亮连弩还要先进的利器，娱乐方面制造的木偶人能够吹拉弹唱，击剑舞蹈。这样的一位大天才，却偏偏被一个书生奚落。

有一个姓裴的大学问家不相信马总工这么神，就去问他制造的原理。后者却怎么也说不清楚。于是裴先生就对他怀疑嘲笑。傅子为马钧打抱不平，他说“机巧”，是“微事”，即精微绝妙的道理，只能靠聪明人去意会，是不能用言语简单说清楚的。马钧擅长的是对规律和道理的实践运用，不擅长解释，语言的不足不代表他不能明道理，做实业。反过来，你长于言论，却还真不一定能做出东西来。心和口，思与言，未必能够保持一致，又何必要苛求一致。

庄子语言观念还影响到了后世的高僧大德。东晋的高僧竺道生（相传他在林间说法之时，一块顽石竟然化作人形，频频点头，为其聪慧感佩），曾感慨世人对佛经的解读，应该超于言外。“生既潜思日久，彻悟言外，乃喟然叹曰：‘夫象以尽意，得意则象忘；言以诠理，入理则言息。自经典东流，译人重阻，多守滞文，鲜见圆义。若忘筌取鱼，始可与言道矣。’于是校阅真俗，研思因果。乃立善不受报，顿悟成佛。”（慧皎《高僧传》）

他的这番话和庄子的“得意忘言”几乎是如出一辙，明显乃受其影响。意思是佛教经典的翻译往往会出现一些障碍，人们如果仅仅是守着字句教条，就不能灵活把握义理。如果能够摆脱语言的束缚，真正做到顿悟，那才能生养自身的佛性。因为语言、智慧、思虑有时候会成为心灵的杂念，徒增烦恼。

四 秦汉新道家

《吕氏春秋》的生命观

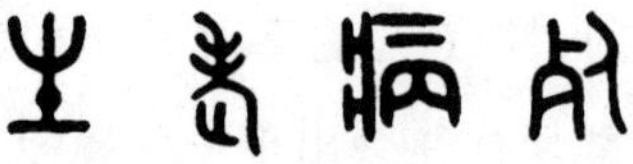

生老病死

“生”字的原初形态是嫩草破土而出。《说文解字》将其解释为“进”。在中国人眼中，生命本来就是不断进取、永不停息的，是世上最美好、最自然的事物。古人有乐生恶死的传统，有像杨朱那样“拔一毛利天下不为”的极端理论，也有《古诗十九首》里“生年不满百，常怀千岁忧。昼短苦夜长，何不秉烛游”的苦痛焦虑。中国传统文化由个人内在的性灵和天真出发，探究珍视和完善生命的渠道。道家对此问题的关注由来已久。

秦汉新道家的思想，以吕不韦的《吕氏春秋》为代表，提出了“贵生”的重要概念。《吕氏春秋》体现了对生命极大的宽容、尊重和维护，也使得道家思想在这部杂糅百家的著作中占有极为重要的位置。《吕氏春秋》又称《吕览》，系战国末期秦相吕不韦及门客编著。在风云诡谲的战国时代，吕不韦是一个极富传奇色彩的悲剧人物。他生前位极人臣，为秦王朝立下功勋，却遭人主猜忌，身死名败。一部《吕览》流传千古，也未能使其摆脱后世无尽的争议。他是奇商巨贾——《史记》记载："吕不韦者，阳翟大贾人也。往来贩贱卖贵，家累千金。"视子楚"奇货可居"的故事广为流传。他有着"士"的风范。有人曾因为他好经卷，死后"皆以书葬"，竟希望发其陵搜罗未被焚毁的《诗》《书》。而作为一个政治家，他先后辅佐庄襄王、始皇两代君主，拜相国，尊号"仲父"，招纳天下贤才（如李斯），广施恩惠于民，灭东周，拒五国联军，伐韩攻魏，开疆拓土，为秦统一六国奠定基础，声望达到顶点。然而，或出于权势之争，秦王将卷入内乱的吕不韦罢免，贬黜河南，而后流放蜀地，并加诟辱。公元前 235 年，吕不韦饮药自尽，卒年五十。依据《吕览》推测，吕氏的思想同情儒道，主张利民生、君主无为，在倡行法家之术的秦国是异端。

《贵生》篇中说："圣人深虑天下，莫贵于生。夫耳目鼻口，生之役也。耳虽欲声，目虽欲色，鼻虽欲芬香，口虽欲滋味，害于生则止。在四官者不欲，不利于生者则弗为。由此观之，耳目鼻口不得擅行，必有所制。譬之若官职不得擅为，必有所制。此贵生之术也。"也就是说，圣人对天下之事，考虑最多的就是如何保全生命。凡是不利于生命的事情，一定要坚决去制止。什么是生命的敌人？从较低层面来看，就是过度放纵感官欲望。而更高层面，则是对天下兴亡的操劳。吕氏说，尧当年想把王位让给子州支父，支父回答他说："让我当天子不是不可以。但是不凑巧，我正好因过度操劳得病，将要治疗，没有闲暇掌管天下。"天下，是最大的事情。然而圣人却不会因为它而伤害自己的生命，更何况其他的事情呢？反过来说，只有不因为天下伤害自己生命的人，才能够重视百姓的生命，才可以托付天下重任。至于那些为争夺权力而耗尽生命，置身危险的人更是可笑至极。吕氏嘲笑这是“断首以易冠，杀身以易衣”，意思是为了换帽子非得把头砍掉，为了换衣服必须杀掉人，本末倒置！生命有三种状态，最上为“全生”。就像圣人，他们是懂得保全生命的，而凡人则总会因为各种各样的原因人为地损耗生命，即“亏生”，最差的是有些笨伯会陷入“迫生”之中，即满怀怨愤，忍辱偷生。生命毫无快乐可言，生活完全违背了自然天性，对他们来说，生命就是一份劳心劳神，必须硬着头皮完成的苦役。

对待自己的生命是这样，对待他人呢？吕氏的贵生理论也是在针对君王们的统治。君王应该以仁爱之心去对待民众，满足他们的生活所需，顺应其生命之性。《顺民》篇中讲：“过去商汤战胜夏朝从而匡扶天下，天大旱，五年间农田颗粒无收，商汤亲自在桑林里祈祷说：‘我一个人有罪，和万民没有关系。（就算）万民有罪，都在我一人身上。不要因为一个人的不明事理，使得天帝鬼神伤害百姓生命。’于是商汤剪断自己的头发，用刑具夹自己的手指，把自身当成牺牲，向天帝祈福，百姓就非常高兴，于是大雨降临。这样商汤就已经通晓鬼神的变化、人事最极致深奥的道理。文王身处岐山侍奉纣王，即便遭遇冤屈、侮辱仍能正己守道，早晨、傍晚按时朝拜，举荐的人才一定是合适的，祭祀一定很恭敬。纣王很高兴，任命文王为西伯，赐予他千里之地。文王以稽首之礼拜了两拜，推辞说：‘我愿意为万民请您取消炮烙的刑罚。’文王并不是厌恶千里之地，他用它来为百姓请求取消炮烙的刑罚，一定是想得到民心。收获民心要胜过收获千里之地，所以说文王是智者。”

这种淡化阶级、立场的差异，对平等的个体生命极度珍视的态度，在先秦思想中颇具特色。生命所以珍贵，因为它对每个人都是唯一的，无法补偿的。还因为它与天道自然的关系是最紧密的，是道之精华的鲜活展现，其余的皆为附庸。在这一点上，它吸收了《庄子》中“道之真，以持身；其绪余，以为国家”的思想。在那个杀伐成风的黑暗专制年代，绽放足以烛照后世的人文光芒。

《吕氏春秋》的思想并没有因为吕不韦的殒命而衰减。在秦汉之际，它的贵生之道其实是颇有市场的。就以吕不韦的学生兼仇敌——秦王嬴政为例。秦始皇一生心心念念于得道成仙，长生不老，这样的渴求我们熟悉，但他对生命逝去的悲伤和留恋，则几乎湮没在历史的尘埃里。西汉竹简《赵政书》是失传许久的珍贵史料。赵政即嬴政，书籍中保留了不少他的言行的细节。其中详细记述了秦始皇死前的一段自述："我预料自己天命有数，年五十将死，回顾一生，我十四岁登基，到现在已经统治了三十七年，按照命数，今年恐怕是我的劫数，只是不知是何月何日？所以想要巡游天下来变气数，改命运，难道不可以吗？……作为霸主我的寿命也算是够了，但是放不下孤弱的王子，忘不掉天下百姓的安危祸福。"秦始皇预感自己会在五十岁——儒家所谓知天命之年去世。虽然他以皇帝自居，心气儿比三皇、五帝还高，一心想要长命百岁，但是他清醒地意识到命寿终究还是短暂的。此时，他受到当时流行的阴阳学说影响，认为人在天地间，就像鱼儿在水中游，鱼儿游动，水面就会发生变化，同样伟大人物如果四处游走，就会让天地之气为之一变。于是想通过四处出巡的方式来改变运势，延长天子的寿命。从他临终前的关怀看，似乎很心疼儿子、百姓没人照料。实际上，从他的酷虐、残暴对照来看，他应该更像是人之将死的悲哀使得他心有不甘，希望借助百姓的面子来祈求上天的照顾。据《赵政书》，秦始皇出游回京，到赵地柏人县病重，面对群臣喟然流涕，说自己从未病得怎么厉害，怕是天命不可改，自己难逃一死。延长生命、持守生命，这朴素的愿望让一言雷霆万钧、一怒流血漂杵的千古一帝情不自禁流下眼泪，并千方百计要去逆天改命，这自然不符合道家顺应自然的学说，却显现出贵生、重己思潮的社会影响。

在功名和权力面前，生命的保全和延长更为重要。心向黄老之学的张良，体弱多病，却能够恪守全生之道。高祖让他自择齐三万户作为封地，他拒绝了，只选择贫瘠而狭小的“留”，这里是高祖与其相识之处，从而表达了自己的感恩，也避免了与群臣的竞争，更消除了刘邦的猜忌。正因为不居功、不恃骄，躲避锋芒，急流勇退，在当年的功臣兔死狗烹、屠戮殆尽之际，他却始终为画策之臣，晚年还颇得吕后的尊重。同时，他针对自己体弱多病的特点，深居简出，注重养生，张良一生多病，后来学习道家“辟谷”“导引”之术。导引是通过活动五官、头颈、躯干，疏通经络、畅行气血，属于修炼形体。而辟谷则是少吃五谷，表面是轻身，其实是蓄养精神，属于修炼神采。遗憾的是，高祖驾崩，吕后以国事相托，强劝其进食，在权力的压力面前，张良不得已放弃了自己的全生之道，后八年而卒，最终未能实现他生命最后的清净。但他在生命与名利功业间的权衡，却完美诠释了道家的精神境界如何能够帮助人超越现实的阻碍，实现对幸福的追求。

《吕氏春秋》的「护生」

“性”字右边是一个“生”。从字面上说，心中自然生发的情感和需要就是“性”。

在道家眼中，人的生命之所以被损耗，往往是因为天性没有顺应。

《吕氏春秋·情欲》中提出：耳朵喜欢悦耳的乐曲，眼睛喜欢五彩斑斓的色泽，口腹贪恋美味佳肴，这是人之本能。人不能割断七情六欲，无论是什么身份、什么资质，都一样。黄帝那样的圣主，桀纣那样的暴君这一点没有区别。

《重己》篇中另举一例。乌获是秦国的大力士，能举千斤之鼎。让他猛拉牛尾巴，尾断力竭，牛却仍不能前行，这是因为违背它的天性。让五尺小童轻拉牛的鼻环，牛就会听任他到任何地方，这是因为顺应了它的天性。而世间的君王、贵族，无论贤能还是不肖，都没有不想长寿的。但他们每天都在违反生命本性，想要长寿又有何用？大凡是长寿的，都因为顺应其天性。

口口声声说要养生，但只是不讲方法地过分关心甚至溺爱，看似无微不至，其实完全违背了生命的本性，这样无异于害生。《吕氏春秋》质疑道：

有的人看似谨慎守护生命，却反而害了性命，这是因为做法不合乎“性命之情”。不合乎性命之情，再谨慎又有何用？所谓“性命之情”是由生命本性生发而来的情感。师长爱护幼子，用的却是粗糙坚硬的米糠做成的枕头。聋子养护婴儿，却在电闪雷鸣时站堂下张望，这都违逆了对象的天性。

吕氏并不是将顺性看作是纵欲。正确的方法是“适欲”，“适”即适中，不偏不倚，合理的欲望需要满足，但也有个尺度。这个尺度就是生命的自然、健康、安适。按照它的说法，这世间的主宰，也就是圣人，最看重人的生命，无论贤才与不肖之徒，谁都想要长生。可是光想要长生，却天天做违背性命之情的事情，想了又有何用？一个人能够长生，靠的是顺应自己的本性。不顺应本性的原因，就是欲望的泛滥。只有圣人能做到适欲，进而“顺性”“贵己”，最后延长生命。

吕氏顺性顺情的思想有其渊源，早期的道家列子，后面的庄子都有类似的表达。古人对这一思想的继承和发挥也屡见不鲜。唐代柳宗元在《种树郭橐驼传》中塑造了一个寓言形象——郭橐驼。这个人身形佝偻，别人戏称他为“骆驼”老郭。他听了以后颇为自得，高兴地说：“这样称呼我很恰当。”就像庄子笔下那些天生的畸形人，郭橐驼更看重自己的自然生命，是什么样就是什么样，如果名字符合自然之性，就是好名字。这个细节隐约展现了一个“真人”的顺性而为。郭橐驼是长安城的“种树大王”，他的树果实结得又多又早，是园艺和果蔬商眼中的宠儿。很多人以为他有什么独门秘籍，又是偷窥打探，又是拙劣模仿，都失败了。郭橐驼公开了自己的种树“诀窍”，简而言之，就是“顺木之天以致其性”。了解树的生长规律，给树以适宜的环境，令其自由生长。他所做的只是让树根舒展，培土平匀，掺进培育树苗的土，捣土结实。几步做完了以后，就把它扔到一边去了。如同《吕览》提及的溺爱孩子的成人，很多人生怕它长不好，早上看、晚上摸，掐掐摇摇，树就长不好。郭橐驼最后说，很多官员就是这样对待百姓的。以督促耕织为名义不断来扰民，光是招待这些差役就已经让百姓疲于奔命，哪里有空闲去休养生息呢？

对物要关注物情，而修身更需要抒己之性灵。明代文坛“公安派”代表人物袁中道，以“性灵说”享誉文坛，颇通老庄之学。“独喜读老子、庄周、列御寇诸家言，皆自作注疏，多言外趣。”（袁宏道《叙小修传》）中道以豪杰自命，看不起那些汲汲于功名、如牛马般奔走的文人，再加上科举遭遇挫折，于是自购小舟，远离都邑，泛舟于长江、大运河之上。南至桃花源，东到金陵、镇江吴越之地，北上山西，一路游山玩水，结伴访友，赋诗作文。袁君见尘世污浊，不利于养性，便托身于狭小的孤舟，饮食随心所欲，不必应酬，没有烦心事。不像在都市中终日醺醺，淫念滋生，在人生的此岸与彼岸之间徘徊，徜徉，企慕那可望不可即的逍遥津。以自我放逐的方式独善其身，保全天性，躲避福祸侵扰，在那个时代颇具代表性。一方面是说走就走的洒脱，另外更有一种享乐至上的人生境界：“其人性喜豪华，不安贫窘；爱念光景，不受寂寞。百金到手，顷刻都尽……沉湎嬉戏，不知撙节”，来去、取舍之间，已然是道家顺性之说的践行者。

告子曰：“食色，性也。”士大夫有像袁中道那样喜好清净的，也有不讳情欲、至情顺性的典范。据陶宗仪《南村辍耕录》载，当年欧阳文忠公任河南推官的时候，钟情一位歌姬。西京留守钱惟演宴请宾客，大伙都兴冲冲来了，唯独看不到欧阳修和那名绯闻女主，过了许久，两人一同姗姗而来，在座位上还不安分，眉目传情。钱公见状大声责问歌姬：“你怎么来得这么晚！”歌姬若无其事地敷衍：“中午太热了，在凉堂睡觉，金钗丢了，一直在找，所以迟到了。”钱公调笑道：“要是欧阳大人肯赏脸为你写首小词，我就偿还你一支。”欧阳修听了会心，马上赋词云：“柳外轻雷池上雨，雨声滴碎荷声。小楼西角断虹明。阑干倚处，待得月华升。燕子飞来窥画栋，玉钩垂下帘旌。凉波不动簟纹平。水精双枕，旁有堕钗横。”女子对二人因狎情来迟的巧妙暗示得到了欧阳公子的承认，一首小词中，多少恩爱、浪漫和刺激都被这金钗（信物）的光芒悄悄掩盖起来。大家的欲望似乎都被招引起来，又都转化成了酒量与雅性。“坐客皆称善。遂命妓满酌觞歌”，善解风情的钱惟演也兑现了自己的承诺。

要说能将“顺性”和“适欲”处理得妙到巅毫的世间真人，则是稀世罕见。仙风道骨，才情出众的大诗人李白，被人称之为“醉圣”。李白的“醉”，境界最是不一般。《开元天宝遗事》记载：“李白嗜酒不拘小节，然沉酣中所撰之文章，未尝错误，而与不醉之人议事皆不出太白所见，时人号之为‘酒圣’。”李白喝酒但不误事，在别人那里，醉酒自是纵欲顺性的场合，但李白写文章，谈事情，精准深刻，未尝有误他人事体。

《开元天宝遗事》有这样一则传说：“宁王李宪的歌姬宠姐貌美善歌，声名在外，可每次宁王府大宴宾客，她却一直不露面，成了文人雅士们的遗憾。一次宴会，大家伙酒酣耳热之际，李白恃醉戏言说：‘我听说殿下有一个叫宠姐的歌姬才艺非凡，现在群公等着一睹芳容，您何必吝惜此女于众？’宁王笑着说：‘那就设七宝花障，召宠姐于屏障后面演唱。’李白起身说：‘虽然见不到面，但听其声已万分荣幸！’”

李白趁着醉意大胆提出要宁王不“吝此女”示众，这是酒壮人胆，也体现出太白非同一般的洒脱不羁。然而当宁王提出用帷帐遮掩，李白马上领会自己触犯了王爷的禁区。一个小小的歌姬，牵连出的后果，可能超出自己的预料，宁王此举，虽是委婉，更是一种迫不得已的底线。聪明的李白马上找了个台阶，表示自己的荣幸，也断绝了见其人带来的尴尬，可谓适可而止，有礼有节。

李长之认为作为道教徒的李白深谙“贵生爱身”之道。他是重酒不重名，因为名利害身。我们或许可以再补充一句，李太白醉中亦不重酒。酒是顺情的凭借，却不是纵情害性的理由。

《淮南子》的「内不化」

《鹖冠子·世贤》讲了这样一个故事：魏文侯问扁鹊，您兄弟三人，谁水平最高？扁鹊说："大哥最厉害，二哥差一点，我最差。"文侯问为什么，扁鹊说："大哥是从发病前的萌芽探病，还未成形就药到病除了，正因为如此，人家看不到他的能耐，所以名声却没有传出家门。二哥只能针对细微的小毛病入手，所以名声传不出同乡。至于我扁鹊，水平其实最差，我通过看人的肌肤，刺人之血脉，再用有毒性的药方去治病，结果名声的传扬在诸侯间。"文侯才恍然大悟。在古人看来，生命等待要医治的时候，为时已晚。当疾病萌于无形就注意保护身体，不过分去消耗，这是延长生命，实现人道合一的关键。

先民们早已明了养生的办法，比如大禹发明了"禹步"，通过特定的散步方法，调节呼吸来养生。有人认为"彭祖"是一个长于养生的氏族，其学说流传甚久，有八百岁之说。商代有"寇帚"的习俗，即集体大扫除，目的是卫生健康。而周代有"食医"，相当于王室的营养师。孔子也有"食不厌精"之说，颜色不对，放久了的食物是不吃的。道家代表老庄看重身体和精神两个层面的养生，老子提出“致虚极”“守静笃”，清净寡欲。庄子说：“为善无近名，为恶无近刑。缘督以为经，可以保身，可以全生，可以养亲，可以尽年。”做好事不邀功，做了坏事也不至于被罚，恪守中正平和之道，就能做到养生。

养生之学在汉代经过《淮南子》的发展，更加成熟、精妙。《淮南子》是淮南王刘安的代表作，刘安是汉高祖之孙，厉王刘长的长子。其人才华出众，汉文帝非常器重他，下诏让他写《离骚赋》，据说是清晨领了任务，上午早餐的时候就写完了。天下豪杰、方术之士都来投靠他，他与门客们一起坐而论道，“共讲论道德，总统仁义，而著此书。其旨近老子，淡泊无为，蹈虚守静，出入经道”。其思想是可以归为道家一类的。其书定名为《鸿烈》，鸿即大，烈即明，意思是这本书是能极大地阐明“道”的作品。刘王爷告诉弟子们，如果不学《鸿烈》，就不知道天地之道到底有多深。后来刘向将其定名为《淮南子》。刘安其人政治上没有远见，优柔寡断，最终深陷谋反乱局，自刎而死，不得寿终，但他的养生之道却影响久远，颇多新见。

刘安认为，一个人能做到养生，他就可以体悟道了。“养生以经世，抱德以终年，可谓能体道矣。”而要做到养生，首先要理解生命的构成。《原道训》说：“夫形者，生之舍也；气者，生之充也；神者，生之制也。”生命有三个部分：“形”“气”“神”，其中形体相当于生命的载体、居所，而“气”充盈于形体之中，精神则是主宰生命的。一方面，三者各司其职，互不相干。另一方面，它们又是唇齿相依，一方受损，其余要受影响。“一失位，则三者伤矣。是故圣人使人各处其位，守其职，而不得干。”更进一步说，气是形与精神的物质根基，清浊之气分别形成了精神和形体，就像轻者为天，浊者为地一般。一个人之所以生病，就是因为邪气侵扰，扰乱了生命内在的秩序。“凡治身养性，节寝处，度饮食，和喜怒，便动静，使在已者得，而邪气因而不生，岂若忧瘕疵之与痤疽之发，而豫备之哉！”养生就是要通过各种方式让邪气不能凝结，将其顺势诱导。

而从更高层面看，其实“精神”的修养是养生最关键的一环，因为“心”是主宰气和形的。那么应该如何保养人的精神呢？第一，需要让人的精神时刻保持清明。也就是说，保留其“清气”的本质。“是故神者，智之渊也，渊清则智明矣。”这一点所以难做，因为人的精神容易被迷惑，陷入浑浊昏聩。之所以如此，原因有很多，环境、季节、欲望、感官都是祸首。而淮南子格外强调人的喜怒哀乐会冲昏头脑。“夫喜怒者，道之邪也；忧悲者，德之失也；好憎者，心之过也；嗜欲者，性之累也。”他认为如果人大发雷霆，怒火就会破阴气，欣喜若狂就会坠入阳亢；生气就会发哑，惊怖就会陷入癫狂；忧悲、抱怨太多，会积累得病；好憎太过频繁，容易招来祸患。问题是人生在世，谁能够保证心如止水，不被外物所累呢？淮南子认为，人的心境是可以通过修炼来维持、改变的。“得道之士，外化而内不化。外化，所以入人也，内不化，所以全身也。”外化，是与外界保持和谐的关系，适应环境的变化，适时做出调整。内不化则是保持内心的平和、超然。

而保持心境平和的根本办法则是看轻天下，看齐生死。“轻天下，则神无累矣。”当你不在乎权力，就不会被名利荣辱所累。“细万物则心不惑矣。”看小万物，内心就不会被引诱迷惑。“齐生死则志不慑矣。”将生死等同，就会无所畏惧，不患得患失，志向也会更坚定。“同变化则明不眩矣。”顺应环境，随机应变，智识也就不会眩惑。保持内心的静穆和恬淡，戒绝急躁的情绪，无为守拙。这种“守静”关键是顺应本心、真情，而不是虚伪地克制。淮南子批评儒家的礼教看似是让人性变得温良恭静，其实是对自然之性的生硬压制，从而导致孔门弟子夭折过多。颜渊早死，子路被剁成肉酱，冉伯牛染恶疾，子夏丧子失明，“此皆迫性拂情而不得其和也”。

淮南子所谓的“细万物”“轻天下”，既超然守心，又顺应外物，不显露出孤绝傲介，这是修心的艺术。古人深谙守心之道，好谈玄论道的魏晋名士更是其中代表。

《世说新语》刻画的名士褚季野就是这样的人物。褚季野从县令升任太尉郗鉴的记室参军，当时他名声在外，但因官位低，很多人还不认识他。褚氏乘商船赴任，与几位送行的下属到钱塘亭投宿。此时吴兴人沈充任钱塘县令，正好要送客过浙江，客人到来，势利的亭吏就把褚季野赶到牛棚里。夜晚钱江涨潮，沈县令睡不着，起身徘徊，问牛屋里是什么人，亭吏说：“昨天有个北方佬来亭中寄宿，因为有尊贵客人，就把他挪到这里。”县令趁着酒劲远远地问道：“里面的北方佬，想吃饼吗？报个姓名，出来聊一聊。”褚季野此时从容拱手答道：“鄙人河南褚季野。”一听是褚季野的大名，县令大为惶恐。但又不敢惊动他，就准备好名片，毕恭毕敬地去牛屋拜谒，另外宰杀牲畜，准备美酒佳肴。还当着褚季野的面，鞭打亭吏，以此讨好他。褚季野不动声色，好像啥也没发生过，和县令对饮，言谈、脸色无任何异样。后来县令把他一直送到县界。

张潮的《虞初新志》里刻画了一个花隐道人的形象。此人叫高晀，本是扬州城富商之子，家道中落，弃商读书，又看不起儒生们的浑浑噩噩，毫无担当，仰慕郭解那样的游侠，好周人急难，又因为品行端正，交友慎重，颇得四方之人敬仰，杰出之士皆与结交。崇祯末年，天下大乱，地方军阀割据为患，争相邀请道人来做幕僚，高晀知道国势已去，自己无能为力，于是只能屈身列强，不惜自污来保全生命。清人南下，扬中百姓惨遭屠戮，他利用自己的势力入城吊死扶伤，拯救幸存的民众。高晀看到连年的兵祸，白骨露于野的惨象，心灰意冷，不愿奔波尘俗，于是在黄子湖畔隐居，整日与牧童、渔夫为伍，饮酒放歌，曳杖篱落间。几年以后，黄子湖水灾，居所被淹没。道人说：“当年支道林托人向深公买下印山，希望在此隐居，被对方讥笑说没听说过巢父、许由归隐还需要买个清净地方。古代所谓大隐隐于市，我为什么不能这样呢?”所以在扬州城东南买田置地，带着老婆孩子共享天伦，张琴作画。他和一个擅长“郭橐驼”术的仆人一起种了五百株菊，细心看护。一时间，菊香四溢，形姿万类。“始自蓓蕾以及烂熳，其列也如屏，散也如星，叠也如锦；其色如玉，如金，如霞，如雪；其味如元酒；其香如櫓卜。”最令人感佩的是高道人平日把宅门敞开，来往游客络绎不绝，门若市，堂若肆。行人们看得见菊、看得见人，就是看不见主人去哪儿了。匾额上书“花隐道人”四字，高昽的大名似乎全然被人遗忘了。朋友笑话他说：“花隐的大名传出去了，你越躲被人越知道你，就像一个人为了躲自己的影子却往太阳底下跑，越跑影子越长啊!”花隐道人笑而不答。

花隐侠肝义胆，却深知国事糜烂，狂澜难挽，于是明哲保身，拯救苍生，不做宁为玉碎的节士，实现了自己别样的价值，就道家言，可谓淮南子所说的“外化，所以入人”“同变化则明不眩矣”。环境无论如何改变，内心保持一份淡然和清寂，乱中取定，闹中取静，可谓“内不化，所以全身也”，养生即悟道。

《淮南子》的「治道」

淮南子的治国理政思想也颇有独特之处。表面上看，他继承的是老子的无为思想，主张以清静之道治国。“故漠然无为而无不为也，澹然无治而无不治也。”(《原道训》）但就其具体思想看，实际有其个人的发挥。“是故天下之事不可为也，因其自然而推之。”在刘安看来，无为其实就是天下之事不需要去推动、改变，君主的很多作为其实也不能产生什么积极的影响。“无为”隐约带有无须为的意义。作为圣人，其实最重要的无非是顺应自然，理解什么是历史、社会发展的“道”，其走向、趋势、规律，顺应、推动它就可以了。“由此观之，万物固以自然，圣人又何事焉?”“无为”的背后其实是“顺道而为”，领悟道，沿袭道，这是君主和圣人应该做的事情。刘安认为，像后稷、大禹、商汤、周武王这样的贤王，之所以能创立太平治世，盖因他们洞悉规律，顺势而为，用具体的措施去辅助“道”，而不是本末倒置。

刘安认为，历史发展经历了五个阶段——“混冥”之世、“伏羲”之世、“黄帝”之世、“夏后”之世和以周王朝为开端的衰世。其中，最淳朴、美好的黄金时代是第一个阶段，而后世风日下，人性丧乱最严重的无疑是最后一个阶段。从顺道到乱道，是什么导致治道的偏差，主要原因在于对“礼义”盲目崇拜，忽略了对民心、社会中自然之道的体认。儒家宣扬的礼义制度是在特定情况下为了顺应大势而制定出来的，道为本，礼为辅。而后世拘泥古法，使得礼教成了社会、民生发展的负累。只要符合民众天性的需求，也根本就不必刻意寻求仁义礼法的约束，“心反其初而民性善，民性善而天地阴阳从而包之。则财足而人澹矣，贪鄙忿争不得生焉。由此观之，则仁义不用矣”。当民心复归初心，性情自然会和善，民性和善，天地阴阳就会与之相和谐。财物富足，人口众多，贪婪鄙俗的纷争就不会产生了。当然礼乐也不是完全无用，只要能够适应时代，不断变化，有所损益，一样能够振兴天下。“故五帝异道而德覆天下，三王殊事而名施后世，此皆因时变而制礼乐者。”

君王治国如何才能顺应“道”？首先，要关注民众公心所向，一句话，一碗水端平，绝不能凭借一己好恶忽略大多数人利益，相反，宁可慢一点发展，也好保证和谐、平衡、稳定。如果君王要大兴土木，百姓要休养生息，毫无疑问，前者要让后者。其次，要敢于顺时变法。刘安是反对泥古的。“是故世易则事变，时移则俗易。故圣人论世而立法，随时而举事。”乍一看，这不像是道家的观点，更像法家学说。但它的本质在后一句话——“是故不法其已成之法，而法其所以为法。所以为法者，与化推移者也。”变法的依据是找到法在不同时代的根基，就是“化”，其实也就是道，或者说民心、民众的自然之性的需求。这就又回到了道家的本体。

北宋僧人文莹的《玉壶清话》载：宋太宗一日在宫中对翰林朱昂说：“汉宣帝最勤政，居然还只是五天上一次朝，事情那么多，难道不会处理不完么？换了我就不敢懈怠。”朱昂平日里神烦这位皇帝，知道他精力旺盛，在他手下当差不易，借机建言说：“臣听说尧、舜朝堂上优游无为，结果每件事处理得很公正。唐太宗时天下太平，房玄龄建议他三天才上一次朝。唐高宗时海清河晏，长孙无忌也请求隔天上朝。这些建议都得到了采纳。按照旧制，双日休息，单日上朝，五日才开延英殿召对臣子，这些早已是惯例。当今天下庶务清明简净，只有陛下您忙于听览政务，不过似乎也应该三五天一临朝，这样符合一张一弛、动静结合之道，保育您的真气啊。”中书省官署知道后，会合谏官一起上奏：“臣等觉得朱昂的奏对有道理！”宋太宗寻思良久之后，总算是同意了。朱昂人称“朱万卷”，长期在史馆供职，精通经史，他所说汉唐帝王治理之道，正是“有为”与“无为”的配合，勤政不等于繁政。不去瞎折腾，这符合刘安所谓“万物固以自然”，圣人何必瞎掺和的精神。先王顺应治国的规律制定的旧例，有它的道理。在臣子们看来，哪怕改朝换代也需要重视，这就是顺道而治。

顺应天道，有沿袭也就有突破。刘安的“法”随“化”移，在汉初有史事为依据。

《汉书》记载刘邦谋臣陆贾在御前常常引称《诗经》《尚书》，高祖素来看不起读书人，实在忍不住痛骂说：“你们主公马上得的天下，哪里有工夫去伺候这些！”陆贾说：“马上取的天下，难道可以在马上治理么？况且商汤、周武逆势而取天下，顺势而守江山，文武之道并用，这才是国家长治久安的办法。过去吴王夫差、晋国智伯穷兵黩武自取灭亡；秦国滥用刑罚，最终为奸臣赵高所亡。过去假使秦朝在吞并天下后行仁义之道，效法先圣，陛下您哪儿来的江山？”高祖听了不开心，但是面露惭愧。他对陆贾说：“那你试着为朕写本书说说看秦朝失天下、朕能得天下的原因，也包括古今成败兴亡的国家。”陆贾最终写成了十二篇。每上奏一篇，高祖都大加赞赏，臣子们都山呼万岁以表祝贺，并命名这本书为《新语》。陆贾所谓“逆取顺守”之道，即乱世用武力夺取天下，而天下已定，却必须用仁义礼治来守护。表面上治理的方法是儒家，而背后的顺道思想有道家的影响。

陆贾是一个善于应变、目光长远、儒道兼容的战略家。吕太后分封吕氏亲族为王，诸王想要挟天子令天下，右丞相陈平深感忧虑，又无力抗争。陆贾先生猜透了陈平的心思，特地拜访，未等丞相回复就径直入座。陆贾说："丞相为什么心事重重？"陈平说："先生猜我在想什么？""您身居丞相高位，采邑三万户，可谓是富贵至极，别无所求了。若是有担忧，不过就是担心诸吕的阴谋、少主的安危罢了。""是啊。怎么办呢？"陆贾说："天下若是安定，丞相任重；天下危难，将领责大。将相和，那么士人就会齐心归附；士人齐心，天下虽有变，天子的大权就不会旁落。天子之权、社稷安危都在您和太尉两人的掌握中。我曾想和周勃讲讲这个道理，太尉却总是说说笑笑转走话题。您何不主动与太尉结交，共谋大计？"陈平用其计，用五百金为绛侯周勃祝寿，两人由此结为挚友。眼看吕氏阴谋正盛，陈平就赠予陆贾奴婢百人，车马五十乘，钱五百万。陆贾用这些在汉廷公卿往来游说，为后面灭吕氏立下汗马功劳。

五 玄学

王弼对「无」的玄思

《老子》第一章云:“玄之又玄，众妙之门。”在道家看来，宇宙的本体是幽妙难解的。当道家思想在魏晋发展成为思辨体系精密、内容磅礴之学，“玄”字就被用来命名这门古老而又新鲜的学问——“玄学”。我们在此时期画作中时常看到宽袍大袖、峨冠博带的贵族高士们手拿麈尾(麈即鹿，以麈尾之毛系木柄之上用于座谈时拂尘驱蚊，后成为身份象征)，对饮辩论，高谈类似“佛祖前世为老庄”之类玄虚形上的问题。在风雨如晦、君子人人自危的年代，为了躲避政治的高压和当权者的疑忌、利用，身处旋涡中心又渴望养生长寿、美名佳誉甚至是任诞自然的士人们只能营造出这一精神避风港。

张衡《玄图》云:“玄者，无形之类。”魏晋玄学的重要议题，就是“无”的存在和意义。《老子》开篇“道可道，非常道。名可名，非常名。”与玄妙的道相比，我们的语言是苍白而专制的，它使思维顽固地执着于“有”的世界，通过各种各样的“名”(概念、观点、符号、修饰)去化约事理，割裂自然。久而久之，执着于“有”的我们，也变得狭隘和矫饰，失去了天真和灵秀。于是，“贵无”学说如同幽谷清流，逐渐汇聚，激荡起震撼时代的回响。

对“无”之义理的阐发，以何晏、王弼、王衍最为著名。其中王弼的影响最大。王弼在《老子指略》中说：“夫物之所以生，功之所以成，必生乎无形，由乎无名。无形无名者，万物之宗也。不温不凉，不宫不商。听之不可得而闻，视之不可得而彰，体之不可得而知，味之不可得而尝。故其为物也则混成，为象也则无形，为音也则希声，为味也则无呈。”也就是说，“无”（道）是宇宙万物的本体，正因为我们听不到、看不见，所以“无”才可能摆脱“有”的局限，才可能是超越人语言和思维的根本存在。

王弼认为，人们把握世界最大的障碍其实就是“名”的干扰。“名”是称呼事物的，是事物本质的反映。“夫不能辩名，则不可与言理；不能定名，则不可与论实也。”但是人们往往会本末倒置。仅仅从概念、名称、形式去理解事物，而事物实际上是异常复杂的，这样的区分往往会让人陷入矛盾或者肤浅之中。他认为道家以外的诸多学派，都是太过于执着“名”的分歧，而不能够通融，辩证地去交流。像儒、墨、法、名等诸多学派，都存在这个问题。只有老子的思维方式是最深奥、独特的，他能够做到将“名”与“实”之间的背反当作要义：“凡物之所以存，乃反其形；功之所以尅，乃反其名。夫存者不以存为存，以其不忘亡也；安者不以安为安，以其不忘危也。”（《老子指略》）万物存在的根源，往往与外在的形态相反；人之所以能建功立业，恰恰因为他不愿意追名逐利。存在者不以存在为存在，因为存在者从不会忘记存在是要消亡的。居安者从不把安全当作安全，是因为他们能够看见安顺中隐藏的危险。

从这里我们看到，王弼的贵“无”轻“有”，表面上是强调道的“无限”和玄妙，其最根本目的还是批判“名”的局限。而“名”的背后，在当时，就是法家的刑名权术和儒家的封建礼教。曹操以权术巧诈驾驭群臣，以严刑峻法镇压异己，名教俨然成了扼杀人性自由的工具。“夫能为至察探幽之术者，匪唯圣智哉？其为害也，岂可记乎！故百倍之利未渠多也。”将“无”的智慧引申为老子的“绝圣弃智”，后世考证有主观之嫌，但在当时确实是振聋发聩，甚至是大逆不道的。

王弼一生遭遇的驳难和抨击数不胜数，这寿数只有二十四载的神奇少年，从小就善于调和儒道的矛盾，并坚持对时俗的看法。据何邵的《王弼传》，弼年幼聪慧过人，能言善辩，十几岁就以喜好老子而闻名。他去造访吏部大员裴徽，引来了对方的诘问，裴先生问弼：“夫无者诚万物之所资也，然圣人莫肯致言，而老子申之无已者何？”意思是要真像你讲的，“无”是万物的根本，那么为什么圣人孔子不肯谈“无”，而只有老子对“无”喋喋不休，没完没了？王弼回答：“孔子体会到了‘无’的难言，所以没有加以解释，老子还属于‘有’的境界，所以一直在解释，生怕说不全。”一个未成年的孩子，一顶非议圣人这样沉重的帽子扣下来，不卑不亢，化险为夷，体现了他的智慧。

“贵无”之说最大的对手是裴頠，他看不惯何晏、王弼、王衍等人“贵无”之说导致世风崇虚无，背礼教，遂写出《崇有论》。裴氏认为老子“道”的载体应该是“有”。道是有迹可循，有规律可以去研究效仿的，这就是“理”。至于万物本身的有限性，他则解释为，正因为自身有限，万物之间才会有相互的需求，才必须相互参照、依傍，“有之所须，所谓资也”。所以人与人、人与万物都是相互需要的，同样，人也应该各自在职责范围内，恪守等级、礼法、道德，而不是以虚无为名，随心所欲。

如果你对某物的欲求客观上合乎你对它的需求，就是“宜”，你的“欲”就是自然而然的情。如果超出需求了，就是违背“宜”，乱乎情，就不符合养生之道。“资有攸合，所谓宜也。择乎厥宜，所谓情也。”这个选择、取舍的尺度，圣人处理得极好。裴公推崇“有”与“名”几乎到了强迫症的地步。有人在修订律历度量的时候发现古尺比当时的要短四分，裴頠一听说马上上奏要求改度量衡，意思是我是学过医的（裴公博闻多才，精通医术），如果太医的量器出了问题，那么神农流传下来的药剂就不灵了。古人命长，今人命短，怕是有这个关系。太子要找陪读，当时定的是陈准、韩蔚的儿子，他一听就急了，赶紧劝阻皇帝："这俩小子说话奶声奶气，腔调不对，咱们东宫看上去早慧老成，找这样的人会把他带坏的！"

崇有、贵无两派的论争持续不断，异常激烈。《世说新语》载：王衍的学生登门求教，恰好王老师前天话说得太多，累了不想见客，便对衍粉们说："我现在有点不舒服，裴頠也在我附近住，你们可以去问他。"王衍大概是想一箭双雕，一来拥趸们与论敌话不投机争论起来，前者不会乏味，后者重则元气耗损，轻则心里添堵，再不然鸡血澎湃模样也颇为滑稽，可供谈资了。裴頠写《崇有论》，当时有不少人责难。没有人能够说得过他，只有王衍亲自来怼，他才会有些词穷。但是，当别人用王弼的理论来与他辩论时，没有了王公子的气场和口才，裴頠就又有了战胜敌人的勇气和效率。

王弼所谓的"无"并不是"虚无"，也不是叫人肆意放浪，目的是让人看到名理的局限，以免陷入机巧、诡诈。但是乱世之中，人们往往会将此说化为精神鸦片，麻痹对时局的责任，更有甚者，以超然物外、目空高蹈为名，明哲保身，甚至为了个人安危，做墙头草，背弃节操，空谈误国。这样说来，裴頠的担心也不是没有道理。"贵无"一派的信徒中，地位最高、能量最大，也是颜值最高的当属王衍。《晋书》云："魏正始中，何晏、王弼等祖述《老》《庄》，立论以为天地万物皆以无为本……衍甚重之。"王衍字夷甫，是将门之后，儿时曾拜访山涛，山公惊呼，谁家的妇人生了这样俊秀的小孩，但将来误尽天下苍生的，正是此人啊！晋武帝司马炎的岳父杨骏想把一个女儿嫁给他，他居然以此为耻，佯狂逃避。晋武帝听说后，问王戎，王家小子当今谁能比得上。戎回答说，今人没有人能比，只有从古人中找了。王夷甫也自比子贡，常常手拿玉柄麈尾，坐谈玄妙，举手投足间，白皙的手臂和玉柄分不清彼此，众人感觉和他在一起既是头脑风暴，更是养眼养心。然而王公子的“无”似乎入了旁门左道，在头脑发热，众人的捧杀之中，变成了一种玩世不恭，任性而为。相传他只要有说错的地方，就随口更改，好像嘴里衔着“雌黄”，随时可以擦掉错处。人们称其为“信口雌黄”。但是这样的行为，在当时却被看作是聪明、高蹈，朝野上下赞颂其风，谓之“一世龙门”。“累居显职，后进之士，莫不景慕放效。选举登朝，皆以为称首。矜高浮诞，遂成风俗焉。”然而就是这样一个国民偶像，却高蹈得连亲情都不要，“贵无”贵得连良知都没了。他的女儿嫁给愍怀太子，太子为妖后贾南风所诬，王衍惧祸，亲自上表请求解除婚约。贾后被废以后，有司参劾王衍：“王衍给梁王的书信里面，写了太子给自己及太子妃的信，说自己是被冤枉的，梁王等读了以后，感觉言辞恳切，心生恻隐。没想到身为岳父、臣子，王衍居然不能为他做主，不仅请求废婚，还把太子的信藏起来，生怕被人知晓。他心里想的全是怎么苟且偷生，毫无任何忠诚节操可言。应当对他严加惩罚，禁锢终身。”

王衍的逃避主义已经不是一次两次了。赵王司马伦篡位割据，他佯装得了精神分裂，砍死了女婢以免官。司马伦被杀，他摇身一变成了中书令。齐王司马乂擅权，他又称病不出。成都王司马颖授予王衍以宰辅重权，他不以经国为念，而只是想怎么保全自己。他不断给自己留后路，比如安排自己的弟弟王澄、王敦担任荆州、青州刺史，嘱托他们：“荆州有长江、汉水守护，青州东临大海的险要，我居于中央，我们哥仨就是狡兔三窟。”这样赤裸裸的投机言论，为当时人所不齿。王衍被群臣推举为元帅，不久后赵首领石勒举兵来犯，被俘。石勒久闻其大名，对他非常客气，以王公相称。衍无愧意，两人相谈甚欢。聊着聊着，王衍切入了正题，后悔自己不通世事，站错了队，与大王为敌，希望赦免自己，并劝石勒称帝。石勒勃然大怒曰：“你名声远播四海，身居高位，少年为官直至白首，凭什么说你不通世故！晋朝国家丧亡，正是你的罪过！”石勒问王衍同乡孔苌：“我从未见过此等才华的人物，你说要不要他活？”苌曰：“像他这样的晋室三公，一定不会为我们真心效力。”石勒说：“不要用刀刃杀他。”于是派人推倒墙壁将其压死。王衍将死时感慨道：“呜呼！我辈虽然不如古人，但如果先前不只崇尚虚浮空谈，勠力同心匡扶天下，还不至于今日如此下场。”

礼法自然之间的「名士」

在王弼与裴頠的论争中，对“名教”反思和维护的声音已经甚嚣尘上了。在竹林玄学那里，名教与自然的关系成了重要的论题。竹林七贤中的嵇康目睹司马氏以名教为由，铲除异己，谋权篡位。譬如，司马懿以“谋逆”为借口，诛杀护佑魏少帝曹芳的大将军曹爽，并诛杀何晏、桓范等人，夷灭曹氏宗族。恶人以名教为幌子，为非作歹。好友吕安的哥哥吕巽霸占弟媳，恶人先告状，以“不孝”为罪名，告吕安死罪。以养生全性为旨的嵇康忍无可忍，拍案而起，不惜触怒权贵，最终引来了杀身之祸。

嵇康作《太师箴》指斥“名法”异化为君王谋取私利、钳制群臣、实行恐怖统治的手段：“刑法本来是用来惩治凶暴的，可现在却被拿来胁迫贤良。昔日是为了天下人谋福，现在却为了统治者的一己私利。下臣怨恨上官，君王猜忌群臣，结果混乱滋生，导致国家危难。”好友山涛升官，举荐自己为选曹郎替旧职，他不仅回绝，还写下了一封《与山巨源绝交书》，里面提到自己有九种毛病不适合做官，其中措辞激烈，矛头直指司马氏——他说自己忍不住要说些非议成汤、周武，蔑视周公、孔子的话，做了官肯定会宣扬出去！自己性格倔强，嫉恶如仇，说话轻率放肆，也不为官场所容。成汤、周武影射亟待篡权的司马氏，周公、孔子即司马懿、司马昭等人，他们假惺惺地宣扬礼义忠孝。面对这样的环境，嵇康愤怒地自问："吾宁发愤陈诚，谠言帝庭，不屈王公乎？将卑懦委随，承旨倚靡，为面从乎……宁斥逐凶佞，守正不倾，明否臧乎？将傲倪滑稽，挟智任术，为智囊乎？"(《卜疑集》）这几句话把对王公贵族的屈从视作耻辱，将当权之人骂作是凶贼奸佞，那些谋臣智囊无非是滑稽小丑。在当时，这样激烈的话语十分罕见。在《释私论》一文中，嵇康以自然对抗名教的思想有了最直白的表达——"什么是君子，就是心不拘泥是非之中，性不违背道的人。气静神虚的人，不会故作高尚；心境旷达的人，情感不会受制于欲望。因为不故作高尚，所以能够越名教而任自然；因为情感不受制于欲望，所以能通达万物情理。因为通达万物情理，所以做事情不违背大道。因为听凭内心行事，超越名教，所以不会拘泥于是非之中。"他提出的"越名教而任自然"，成了震撼千古的强音。

阮籍的抗争表面上不像嵇康那样激烈，司马昭为儿子向阮女提亲，自己老婆是曹魏公主，自己又对曹氏忠心，自然不想答应这门亲事，但又怕触怒敌人，不想玉石俱焚。于是他连醉六十余日，狼狈中侥幸保全了名节。《晋书》载大臣劝进司马昭称帝，司马昭推辞，公卿权贵推荐阮籍写劝进文。阮籍这次又是喝得酩酊大醉，公卿进了府邸看见阮大人正趴在案头淌着口水呼呼大睡。使者摇醒他，命他下笔。无奈之下，阮籍只能用手指案笔画，让使者代为书写，文辞流畅，显然是早已想好但是没有脸面写啊！

这样一个夹缝中求生存的阮籍，却也有掷地有声的抗争，他的怒火和傲骨全寄托在了对名教的抨击之中。《大人先生传》直言："今汝造音以乱声，作色以诡形，外易其貌，内隐其情；怀欲以求多，诈伪以要名；

君立而虐兴，臣设而贼生。坐制礼法，束缚下民……汝君子之礼法，诚天下残贼乱危死亡之术耳！”虚伪的礼法是教人奸诈、束缚下民、残害生命、危乱国家的工具。“故自然之理不得作，天地不泰而日月争随，朝夕失期而昼夜无分，竞逐趋利，舛倚横驰，父子不合，君臣乖离。”礼教本是自然伦理的延伸，但如果礼教违背人的自然天性，那么反过来会破坏伦理家庭，让父子反目，君臣离心离德，本末倒置。

嵇、阮等人其实并不是像贵无派那样提倡“绝圣弃智”，废除礼法，而是痛心于名教的异化，背离了自然之道。在他们内心身处，仍然存有对名教的希望，在理想的乌托邦中，礼与情是浑然一体的。嵇康在《答难养生论》中说，像道家理想的统治者“至人”，他们也用礼义教化，但那是不得已而为之，这些制度本身是符合万物之性、群生之心的。虽然以龙为图腾，以华服为袍，但就像是布衣在身，不是为了区分等级，体现高贵。礼教制度不是为了愚民崇己，而是为了便于履行牧民顺性的职责。当他们目睹现实的黑暗之后，终于明白，与其空谈理想的回归，不如清醒地认识无路可走。《晋书》描述阮籍任凭车驾四处游走，开到绝路，就号啕大哭，转身返回。在他们的精神世界中，只有死亡的超越或是诗酒音乐的幻境才是最终纯洁的归宿。

魏晋士人在名教与自然的夹缝中，尝试着各种复杂的心灵体操，有的是精彩的自我超脱，也有无奈的萧然长鸣。有乐观地持守名教，希望调和情理之人，如乐广。据传，王澄、胡毋彦国等人都以狂放任性作为人生乐趣，还有人于大庭广众之下，赤身裸体，嬉笑怒骂，乐广看到以后笑笑说：“何必一定要这样，名教怎么了，名教中自有快乐之地。”

还有人以超然诙谐之态跨越名教禁区：阮籍的嫂嫂回娘家，叔叔专门去看望她，向她话别。接着闲言碎语就传来了，责备小叔子不一般的殷勤。阮籍却反问道：“礼法难道是为我们爷几个制订的么？”邻家主妇貌美，当垆卖酒。阮籍和王戎经常光顾这家店。有几次，阮籍喝醉了，就睡在那位主妇身旁。那家男主人开始起了疑心，几次探察他的行为，发现他自始至终也没有别的意图。阮籍用这样撩拨看客敏感神经的方式告诉世人，原欲的超越是如此自由轻松的事情。

不过，更令人称奇的则是众人对冲破名教的宽容。阮籍母亲去世，中书令裴楷来吊唁。一进门看到惊人一幕，阮籍酒气熏天，披头散发岔开两腿坐在床边发愣，一滴眼泪都没流。裴楷见状拿个席子坐在地上，大哭起来。号得时间差不多，转身就走了。有人问裴楷："吊唁的礼节是主人哭客人才行礼。阮籍还没哭，您哭什么？"裴楷说："阮籍是超脱世俗之人，可以不遵礼制；咱们是世俗中人，所以我们得遵守礼制。"当时的人很认同他的说法，认为双方都得到了尊重，处理得很得体。

更有众生突破礼教、任性自然的精神狂欢。《世说新语·任诞》记载，王濛和刘惔在桓子野家欢饮。此时镇西将军谢尚从他叔父谢裒的陵墓回来，他是奉神主回祖庙哭祭去了，大家毫不在意他重孝在身，想请他来喝酒。第一次，派人去请，谢尚书的这位孝侄嘴上没答应，可已经把车停下；第二遍请，他就立刻掉转车头来了。大家欢呼雀跃地跑到门外迎接，车没停稳，他就拉着众人的手下了车。刚进门，头巾一扔，戴上便帽就入了席，喝酒喝到一半，才发觉自己连孝服都没脱。

名士的真情顺性

我们看魏晋时人的艺术遗作，深感其空灵、虚静、不滞于物的意境非后世能及。宗炳山水画有“抚琴动操，众山皆响”的旷韵，书法呈现“钟繇每点多异，羲之万字不同”的百千风情，人物的容止仪姿多为“玉树”“朝霞”类的鲜洁，还有此中真意、欲辨忘言的诗文意趣。为什么在险恶的政治环境中，士人的毫端运秀总是充满了令人匪夷所思的奇妙和生机？钱穆认为是自我意识的空前觉醒，而宗白华则干脆落实到四个字——“一往情深”！“晋人富于这种宇宙的深情，所以在艺术文学上有那样不可企及的成就……晋人向外发现了自然，向内发现了自己的深情。”（《论〈世说新语〉和晋人的美》）

魏晋玄学家们对“情与理”的关系较之前代有了更深入的探讨。何晏依据自己对道家思想的理解，将“圣人”法自然的人格定义为“无情”。圣人效法“道”，而道本身是无情感、无造作的。“凡人任情，喜怒违理；颜渊任道，怒不过分。”同样儒道汇通的王弼则反对这种说法。他认为道在人身上的体现，即自然之性，是包含喜怒哀乐的。好友钟会向他转述了何晏“圣人无情”的观点，深以为然。王弼却不敢苟同，他认为圣人有情而不累于情。圣人的智慧比常人更高等，但在情感上与普通人应该是一样的。因为智慧拔卓，所以圣人能体会天地之真气，通达“无”的奥妙，因为喜怒哀乐与常人相同，所以不可能对外界没有反应。圣人对外界敏感，但却不会被外物拖累。不能因为圣人的超然，就说他没有感情。王弼为《易经》作注，友人荀融写信质疑。他回信荀融说：“颜子之量，孔父之所预在，然遇之不能无乐，丧之不能无哀，又常狭斯人，以为未能以情从理者也，而今乃知自然之不可革。”意思是圣人的聪明哪怕足以探寻幽微，但也不能去除其自然天性。孔子遇颜回难以掩饰快乐，对其早逝，无法压抑悲痛。过去我认为这未能做到让情顺从理，今天看了圣人行为才明白自然之情不可消除。他接着调侃说：“你老兄淡然，但也会十天半个月来信问候，你为什么这么想我呢？”

作为竹林玄学的代表，阮籍以实际行动告诉我们何谓至情。阮籍对母亲的感情很深，他曾说，父亲死了，如果不悲伤，就是禽兽，母亲死了却不哀痛，就连禽兽不如。因为禽兽知母不知父。在安葬母亲之前，蒸熟猪豚，一口气喝了两斗酒，然后去向母亲遗体诀别，号哭一声吐出鲜血来，身体受损，大病许久。这样过度、怪诞的哀悼形式不合乎儒家的礼制传统，却是真性情。

嵇康从养生修性的角度出发，对于情感的张扬持保守态度。他在《养生论》中打比方说，大旱期间，禾苗只灌溉一次，最后虽然也会枯萎，但那毕竟也比没灌溉的强。世人觉得偶尔生一次气，悲伤一次，不会损伤身体，于是就轻率地放纵自己，这就好比是一滴水也不浇，却眼睁睁期盼旱苗能存活一样。对于养生来说，情感是绝不能滥用的。向秀就很不以为然，他反驳说，有的人活得长，有的人短，那就像林子里的松树、柏树，个体禀赋、性质不同，这是先天决定的，不是靠后天保养就能改变得了的。为什么尧舜禹汤这些古贤长寿的不过一百，七十就是古稀了，难道他们都不懂养生之术，滥发脾气么。人顺应五行而生，所以嘴巴喜欢不同味道，眼睛贪恋丰富色彩，情欲来了想成家，饿了要吃东西，这是自然而然的事情。(《难嵇叔夜养生论》）在向秀看来，嵇康所谓的“自然”一旦禁绝了人的天伦之乐，就是伤性了！

在这些人中，郭象的观点最为独特。他觉得礼制就是自然的延伸，两者本身就不存在实质性的矛盾。“牛马不辞穿落者，天命之固当也。苟当乎天命，则虽寄之人事，而本在乎天也。”他认为，庄子所谓“穿牛鼻，络马首”的人为本身只要克制得当，一样可以顺乎牛马的自然天性。如果每个人都能各安其性，就一定能够各受其分，各遵其职，似乎合情的也就一定是合理的，合理的本质就是合乎情的。

何劭的《荀粲传》中记载：三国时荀粲娶了骠骑将军曹洪的女儿。荀公子的择偶观是，女子美貌比才华更重要，曹氏美貌动人，佳人到手，自然是宠爱万千。不想命运弄人，几年后，妇人病亡，好友傅嘏前往吊唁，只见粲欲哭无泪，怅然神伤。嘏安慰他说，才貌双全的女人难遇见，你不重才只好色，按这个标准，再找一个也很容易，怎么今天哀痛成这样？荀公子慨叹说：“佳人难再得！纵使逝去的红颜没有倾城倾国之姿，这样的人也再遇不到了！”痛悼不能已，过了一年竟然也随之而去，时年才二十九岁。想不到一个好色的公子，竟然为情而死，这也成了感动千古的佳话。在《世说新语》中，荀粲的爱情故事有了另一个版本。“荀奉倩与妇至笃，冬月妇病热，乃出中庭自取冷，还以身熨之。妇亡，奉倩后少时亦卒，以是获讥于世。”老婆发热，自己自觉冻僵，作人肉冰块回来给妻子降温。这样的爱情却换来了世人的讥笑。

为了一个“情”字，世人的嘲笑何足道哉。晋孙子荆恃才傲物，唯独尊敬王济。王氏去世，名流皆来吊丧。孙子荆来得很晚，他对着遗体痛哭，真情至深，宾客感动涕零。他对着灵床说：“王君你平时喜欢听我学驴叫，现在我为你学一学。”一声声驴叫像真的一样，旁人听了忍不住笑出声。孙子荆抬起头轻蔑地说："老天让你们这些庸人活着，偏偏让这个人死了！"无独有偶，驴子叫学得最像的是皇帝。王粲生前也喜欢听驴叫。死时下葬，魏文帝曹丕参加他的追悼会。悼词还没念完，他突然回头对众人说："仲宣喜欢听驴叫，你们都应该学一声驴叫来送他。"于是大家伙一人一声驴叫，一时间殡仪馆里万驴齐鸣。

魏晋名士所以独树一帜，正因为他们对情的张扬，除了"真"的流露，还有高尚大义和厚重之理的寄托。《晋书·桓伊传》中有这样一个感人的故事：东晋桓伊将军是个音乐发烧友，尤其擅长吹笛。他拥有蔡邕的宝笛"柯亭笛"，经常演奏，名声传遍大江南北。王羲之儿子王徽之有一次进京泊船长江畔，正巧桓伊公务车队经过，别人介绍说，这就是大名鼎鼎的桓野王。徽之马上大声呼喊，桓老师请留步，您的演奏独步天下，请为我奏一曲吧。桓伊二话没说，不顾自己身份的尊贵，赶忙下车，坐在马扎凳上，一连演奏了三首曲子。随后转身离去，两位名士竟然一句话都没有留下。通过这个细节，就知道桓伊的为人和品性了。感人的故事发生在桓氏与谢安之间。受奸人挑拨，晋孝武帝猜忌名相谢安，谢安郁郁寡欢。一次，皇帝请桓伊赴宴，谢安陪坐。席间，天子让桓伊吹笛助兴，桓伊答应了，但是请皇帝撤下了宫廷乐队的伴奏，只留自己身边的一个奴仆来吹笛，自己弹筝唱和。桓伊歌唱的竟然是《怨诗》，歌词说："为君既不易，为臣良独难。忠信事不显，乃有见疑患。周公佐文武，《金藤》功不刊。推心辅王政，二叔反流言。"这曲子句句都是为谢安鸣不平，都是在斥责皇帝轻信小人，猜忌忠良。音调铿锵，情绪慷慨激昂，声调高低悦耳。晋武帝听了以后，羞愧满面，而谢安被感动得泪流满面。他此时再也无法顾忌什么了，跨过坐席，众目睽睽之下径直走近桓伊，用手捋着胡子说："刺史大人，你真是不同凡响！"

群己关系中的名士

余英时在《士与中国文化》中说："所谓儒，大体指重群体纲纪而言，所谓道，则指重个体自由而言。"道家思想对个体自由的影响极深。自东汉末年至三国乱世，维系太平盛世意识形态的群纪纲常遭到极大冲击，名教的合法性遭遇到了从未有过的质疑。自我的逃避与个性的自由，成了魏晋士人普遍思考的生命要义。自我意识的觉醒和个体的张扬体现在文学、艺术、玄学的方方面面。

阮籍的《大人先生传》中塑造了一个与万古齐寿命，顶天立地，又逍遥游世的神仙形象。"大人先生盖老人也，不知姓字。陈天地之始，言神农黄帝之事，昭然也；莫知其生年之数。尝居苏门之山，故世或谓之闲。养性延寿，与自然齐光。其视尧、舜之所事，若手中耳。"神仙把尧舜那样的功业看得简单无聊，是一把手就能抓住的小事。而对于"中原"的大小轻重之于天下，觉得就像帷帐上面的一只苍蝇。老神仙质问那些劝他效仿君子，立德立言、封妻荫子的俗人："你没看见那些寄生于裤子里面的小虱子么？它们藏在裤裆里面的细缝、败絮之中，视作是吉利的豪宅。从来不敢越裤裆半步，还说是依照礼法规矩！饿了就出来咬人，觉得食物多得都吃不完。突然有一天，火山喷发，岩浆四溢，烧毁城市，这些虱子死在死人的裤裆里面再也出不去了。你们这些君子就像是躲在裤子里的虱子一样，自以为很安全，远离是非。”对像老神仙这样的真人，喜欢猎奇的人惊叹，激昂慷慨的人崇敬他，但是这些人也看不清他长啥样，摸不透他的性情，对他的道只能猜测，给他虚而不实的名声。“故天下终而不知其用也。”人们到底搞不清楚他的思想有啥用。阮籍将自我对现实的超越寄托在这样一个虚幻的人物上，却不得不承认，他虽然高贵，但离这个骨感的现实太遥远。自我虽然清醒，但终究是孤独的。

在尘世中孤独地遨游，苦苦求索道，在希望破灭以后，只有怅然和焦虑。阮籍的《咏怀诗》写道：“一日复一夕，一夕复一朝。颜色改平常，精神自损消。胸中怀汤火，变化故相招。万事无穷极，知谋苦不饶。但恐须臾间，魂气随风飘。终身履薄冰，谁知我心焦。”知晓他痛苦的友人死的死，走的走。对他来说，精神寄托没有了，只有“独坐”和“徘徊”能暂时让自己静心自处。“徘徊空堂上，忉怛莫我知。愿睹卒欢好，不见悲别离。”“独坐空堂上，谁可与亲者？出门临永路，不见行车马。”

嵇康强调自我独立思考的可贵。他反对“君子思不出位”这一所谓儒家常理。“驰骤于世教之内，争巧于荣辱之间，以多同自域，思不出位，使奇事绝于所见，妙礼断于常论，以言通变达微，未之闻也。”君子往往思考问题求同，从常识和传统出发，对新奇的见解先入为主地排斥，迷信权威和经典。但他比阮籍等人更进一步，在人生实践方面，他渴望将自我中的“小我”超越，进入和宇宙天地同一的大我之中。“目送归鸿，手挥五弦。俯仰自得，游心太玄。”(《四言赠兄秀才入军诗》)，身处尘俗，但是目光望着渺渺隐没于天际的归鸿，心思随着乐曲意境进入天地太玄之境了。要实现这样的“大我”，首先得摒弃小我，这就需要把私心、杂念、功利统统去除。这样也就意味着自我的克制。“养生有五难。名利不灭，此一难也。喜怒不除，此二难也。声色不去，此三难也。滋味不绝，此四难也。神虑消散，此五难也。”戒除五难，其实就是对通常人生追求的“断舍离”。

晋人自我放达的掌故比比皆是，刘伶毫无疑问是其中最具知名度的人物之一。《晋书》中说他形貌丑陋，身长六尺，却时刻以“细宇宙齐万物”为意。他在《酒德颂》中描绘自己成仙时的状态，以天地为一天，以万年为片刻。日月为门窗，八荒为庭院走廊。行走没有行迹，居住没有房屋。以天为幕，地为席。唯一确定的是随身要携带酒壶。如同徜徉在大地上的酒神狄俄尼索斯，刘先生永远在欢度一个人的狂欢节，酒气熏熏、放浪形骸到了目中无人的地步。面对不愿见的访客，他孤傲地醉称：我以天地为庐，房屋为衣裤，你来见我就是钻进了我的裤裆，快点滚出去！他也曾悲壮地让仆人拿着铁铲跟着自己，说哪天醉死了，就就地埋葬，一了百了。和别人吵架，有人要打他，他笑嘻嘻地推辞说：“我的几根鸡肋骨配不上您的尊拳，你打过来会不舒服。”大家一笑泯恩仇。刘伶不是没有才，更不是没有入仕的抱负。他官至建威参军，曾经上书无为而治，没有被采纳。当别人政绩考核优秀的时候，他因为坚决履行清静无为原则，无缘官场。一个活在自己世界里的怪咖，一个率真任性，在封建时代物以稀为贵的旷世奇人。

和刘伶形成鲜明对照的是山涛，他的一生在“己”的真性与“群”的共识、“士”的理想和“君”的意志间没完没了地纠结，周旋自处中竟也有了一份实则无奈的从容。山涛做官很晚，四十岁才举孝廉做了个郡主簿。他的前半生喜好老庄，卓尔不群，纵形于竹林中。当他得知司马懿称病卧床的消息时，他一脚踹醒同宿舍的石鉴，骂他：“现在什么时候了，你还睡！司马懿卧床不起，你知道这背后的阴谋么！”当曹爽被司马懿骗杀之后，他看到自己的预言成为现实，义愤填膺至极，辞官归隐，不问世事。如果但看这段历史，我们会觉得这又是一个阮籍，甚至有比他还激烈的个性。然而，后来的故事超出想象，山巨源在表亲——司马懿老婆张氏的引荐下见到了司马师。司马师半尊敬半调侃地说："当今的姜太公想来做官了！"从此山氏踏入中央，权倾朝野。其间，他无数次辞官，却一次又一次被皇帝拒绝。皇室的恩宠和信任一度令朝野上下艳羡嫉妒，参劾的奏折却一次又一次被打回去。如果说，次次辞官之举证明山涛的自我依然强烈而固执地刷着存在感，那他为人处世的隐忍屈就则体现了极为矛盾、扭曲的人格面具。《晋书·山涛传》载，山涛多次讽谏皇帝未能以清静无为治国，沉溺酒色。也反对废长立幼，保留了晋武帝司马炎的太子之位。然而其任职十余年间，每次举荐官吏，山公总要留几个备用名额，目的是看皇帝的诏旨倾向于某人，揣摩清楚后再上奏，率先将皇帝中意的人提出来，基本上都能投其所好。有的人明明水平低下，却也被推举上去了，久而久之，别人不服，以为是山涛自己任人唯亲。晋武帝明明是让山涛背了黑锅，还虚情假意地下诏批评山涛："用人的标准是有才，不遗漏疏远孤贱而有才的人，教化才能行于天下。"但是，心领神会的山涛还是照样行事，直到意见平息。

某种程度上说，山涛真正做到了超越"小我"，至于有没有进入"大我"，难以盖棺而论。他把孤傲、独善的"我"融入了更现实、中庸的事功之中，对他来说，与其决裂，任凭自我被孤立和边缘化，不如与朝野和解，在权力和名望的保驾护航下，迂回有效地实现竹林诸贤们共同的抱负，所谓儒家的仁义、老庄的自然无为，只要脚踏实地地经营，都不是空中楼阁。

郭象：本性自足的人生

维特根斯坦说：“我的语言的界限就是我的世界的界限。”魏晋玄学家们总是试图突破语言的有限，去触及那个“虚无”或者说“无限”的“道”。然而问题在于，“道”虽然在言语之外，却似乎还得用语言来表达。这样的“道”还是在语言和有限之中。王弼认为“有生于无”。当这个“无”被界定为与“有”相对时，这个“无”似乎还是一种“有”，无论它如何模糊不清，似有似无，神神秘秘，但是仍然很容易受困于我们的经验。这个逻辑悖论被王的论敌裴頠一眼就看出来了。“无”只有在与“有”的比较中才有意义，王弼所说的“无”仍然只是具体的“有”而已。裴说：“夫有，非有于无，非有。于无，非无于有，非无。”（《崇有论》）沿着这个思路，玄学家郭象进行了深入的思考，并形成了一套“独化”的思想，成为玄学史，乃至道家思想发展史上极具思辨性和影响力的观念。受其影响，国人在处理群己关系、展现个体自由的层次和方向上，有了更丰富的选择。

在郭象看来，王、裴等人陷入“有”和“无”的论辩之中，无非是五十步笑百步。他们观点不同，但是思维方式本质都是一样，就是用差异和互补去构筑整体。“无”就是“有”的反面或者“有”的叠加累积。这样“无”看似高高在上，其实还是被“有”限定了。就像主人可以对奴隶吆五喝六，但是没了奴隶，主人就什么也不是。郭象受庄子启发，在《庄子注》中提出，可以换一种思维，从万物自身出发，把事物都看作是完整的“一”，从外形上看，事物是千差万别的，有大山秋毫的区分，但从“性分”角度看，万物一定是在某个层面一致或相似，我们才能有意识地拿它们来比较。“大山”与“秋毫”，我们当然知道它们差别太大。但是为什么我们一看到它们就会想着比较，一定是因为两者间有某种共性，让它们进入参照的视域之中。这种共性是说不清道不明的，但一定是存在的。“夫以形相对，则大山大于秋毫也。若各据其性分，物冥其极，则形大未为有余，形小不为不足。……苟足于天然而安其性命，故虽天地未足为寿而与我并生，万物未足为异而与我同得。则天地之生又何不并，万物之得又何不一哉？”（《庄子·齐物论注》）“形”是可以随着视角不同而任意改变的，大山和群山比是小的，秋毫和细菌比又是大的。但是“性命”却是同一的，没有大小之分。如果说真正的“无”存在，那它一定是万物各受其分，各达其命，自给自足，所呈现那个无差无异的整体。这个整体难以用语言表达涵盖，所以我们感觉它是“无”，但它却可以通过齐万物的思维来直观，他引庄子的话称之为玄冥之境。

这一点也是对人生的烛照。人们总是不善于从自身的禀赋天性出发，总是过多地追求自己能力、运气之外的东西。在《庄子·秋水》注中，郭象提出：“夫世之所患者，不夷也，故体大者（快）〔怏〕然谓小者为无余，质小者块然谓大者为至足，是以上下夸跂，俯仰自失，此乃生民之所惑也。”人们总是活在别人的世界里，为他人的眼光而活，体大的觉得体小的好，质小的觉得变大才满足。最后人们辛苦奔波、虚伪自失，成为芸芸众生难以摆脱的困惑。

真正由独而化的人生，应该是以实现自己的本性作为唯一的目标。“然后惑者有由而反，各知其极，物安其分，逍遥者用其本步而游乎自得之场矣。”知道自己的极限在哪里，用属于自己的步伐去丈量人生，那你自然会逍遥于自得之地，外界的起伏坎坷对你也就构不成任何干扰。“苟足于其性，则虽大鹏无以自贵于小鸟，小鸟无羡于天池，而荣愿有余矣。”就算你是一只小鸟，也不用去担心怎么飞也飞不高。燕雀更不需要揣度鸿鹄之志的内容。安心做自己，就是人生的真谛。

这种思想的外化，在魏晋名士身上体现得很明显。晋人推崇简淡自足的人生。真正的名士不是去刻意追求名利，而是泰然和乐地实现自身修为，留待才华和天赋被他人发现，在顺其自然的情况下展现治天下的能力和气度。这一点对于寒门而言当然是难以企及的，但门阀大族则以此为荣耀。王湛一家祖孙三代就颇能持此家风。

《晋书》记载，王湛“少有识度。身长七尺八寸，龙颡大鼻，少言语。初有隐德，人莫能知”。宗族兄弟都以为他天生痴呆。给父亲王昶服丧期间，侄子王济觉得这么个叔叔丢了王家的人，很看不起他。吃饭的时候，美酒佳肴摆了满满一桌子，他连一筷子都不分给对面的叔父。王湛没办法，就请他分点蔬菜给自己填填肚子，模样很让人心酸。王济有一次拜访王湛，看见床头有《周易》，问：“叔父要《周易》做什么？”王湛说，身体不舒服的时候，偶尔看看。王济眼前一亮，请叔父解释其中奥妙。王济一听竟全是他闻所未闻的东西，立刻正襟危坐，一连几天留宿，彻夜长谈，越发觉得自己无知，于是感叹说：“家里有这样一位名士，三十多年族人却不知道，是我的罪过。”出门上马，发现叔父姿态轻盈美妙，就连挥动的鞭子线条也如此美丽，回旋起来像绳索一般。曹操也看不起王湛的智商，每次看到王济，就会调笑说：“你们家傻叔叔死了没有？”王济总会很羞愧，无言以对。再见王济，曹操又问，王济自信满满地回答，我叔叔真的不傻，并称赞他的才华。曹操问：“和谁比？”王济说："和山涛比差一点，但是比魏舒要强很多。"

王湛的儿子王承，更加清虚寡欲，东海王司马越拜其为记室参军，令子女拜他为师。迁任东海太守，清简无为，不做细察苛求。有小吏盗池中禁鱼，被检举，王承却说；"文王的园囿尚且与百姓共享，何必要吝惜几头池中小鱼！"有个犯夜禁的人被抓住，王承问原因，说是从师学书，不知不觉日色已晚。王承说："惩罚宁越那样的学人来创立威名，这不是政治教化的根本。"还派官吏送他回家。辞官以后，东渡长江，时局险恶，家人却从不见其忧喜之色。登山北望，感叹道，人们都说愁，我此时此刻才感觉到愁。其性情简淡坦然如此。

王承之子王述也继承了父辈沉静清简的家风。和祖父一样，三十岁还未出名，人们都看不起他。司徒王导征召他为中兵属，初次见面，王导只问了江东的米价。王述瞪大了眼睛，一句话也说不出。王导却笑笑说，"王大人不傻，人们为什么说他傻呢？"王述对王导却毫不客气，看到只要王司徒一发言，满座的人都纷纷赞叹，他就严肃地说："人不是尧舜，怎么可能每件事都做得那么完美呢！"王导正色向他道歉。庾亮说："王述清贞简贵，不减祖父、父亲，只是清旷寡淡略微不及。"

成玄英：事功不废无为

玄学新的发展在唐代。随着道教的兴盛，“重玄”之学成为道家思想的主流。

道教起源于汉末，经过漫长的历史演变，到了唐代臻于兴盛。道教在有唐一代的繁荣，一方面是因为前代理论的发展成熟，对佛教、儒教思想的吸纳，更直接的原因是政治上备受统治者青睐。李唐王族出身胡域，统一天下急需中原汉族文化的认定。于是，他们将前代门阀大族颇为尊重的老子抬出来，宣称李为国姓，李耳即李氏王族的先祖。据《大唐创业起居注》记载，唐高祖李渊太原起兵之前，东突厥柱国大臣来拜谒，见面之后即直接赴太原城郊叩拜太上老君。说明唐建立之前，太原李氏就以老子后人自居。而当时位高权重的道士不满意隋炀帝崇信佛教，于是看准时机，纷纷向李家示好劝进，宣称——“老子度世，李氏当王”。在此背景下，唐高祖李渊下诏将道教定为国教，位居儒教、佛教之上。并下令全国各地兴修道观，编定统一的官方道家著作，并由中央划拨经费。

唐代尊道达到顶峰的标志性事件是高宗亲自前往亳州，册封老子为“太上玄元皇帝”，并下令全国官员学习《道德经》，将其列入科举考试的必读书目。武则天曾进言高宗，推崇老子。“壬寅，天后上表，以为：‘国家圣绪，出自玄元皇帝，请令王公以下皆习《老子》，每岁明经，准《孝经》《论语》策试。’”（《资治通鉴》）

唐代道教思想中最重要的理论就是“重玄学”。“重玄”又称“双玄”，出自《道德经》的第一章——“玄之又玄，众妙之门。”对这句奥妙幽邃的慧言的解释，引申出体道和处世的一整套方法，并形成了完整成熟的学说。唐代重玄学的第一位代表人物就是“西华法师”成玄英。成氏借助为郭象所注《庄子》的疏解，阐发了自己的观点。

成玄英对“重玄”的理解，简单说来就是道家中人要进入一种超然、无所拘滞的状态，即便身处世俗，也可以通过精神的逍遥进入这种玄冥之境。所谓“重玄”则意味着不要停留在你所看到的玄冥超然之境，相反要进一步超越它，因为只要依赖、沉浸于某种玄冥和超然，到头来也不过是一种拘牵。“即有即无，即寂即应，遣之又遣，故深之又深。既而穷理尽性，故能物众物也。”（《南华真经注疏》）也就是说，相对于“有”，“无”似乎是一种超越，但是如果偏执于“无”，也不过就是局限于“有”的对立面，还是不自由的。所以要处在有无之间，即所谓“处中”。而所谓“遣之又遣”“深之又深”，就是连“中”也视作一种静止和局限，要进一步去超越“中”。总而言之，道家提倡一个人要变动不滞，不断地突破各种各样的视角局限和精神束缚，无时无刻不在“去滞”之中。成氏做了个形象的类比，一个人吃药，是为了治病。如果病好了，药却不停，这是要命的事情。指教一个人是为了让他获得机悟，自己领悟不了，却一个劲猛教猛灌，这只会让对方更糊涂。“玄”是为了超越“俗”，“中”是为了去“执”，但是“玄”和“中”也不能忘记舍弃。

观点说起来抽象，其实联系现实，就是在强调要做一个真人，不能脱离世俗，应该在喧嚣和浑浊中去寻找精神的自由。“和光同尘，处染不染，故虽在嚣俗之中，而心自游于尘垢之外者矣。”避世未必就是超然，要在“有”与“无”之间游弋徘徊，达到与天地万物顺应且不分彼此的境地。这样的人即道家心目中的“圣人”。成玄英在对《逍遥游》的注疏当中，把圣人描述为这样神奇的存在：他就像一棵无用之树，枝叶繁茂，树影婆娑，能够遮日挡风，行人经过这里，逗留休息，或者寝卧其下。它自己做到了逍遥适性，对他人也客观上起到荫蔽的作用。

从荫庇苍生的角度看，圣人有为，有事功的价值，而就其精神本体而言，他们又是逍遥适性、恬淡自由的，它自顾自快乐地生长着，可是它无意中长出的茂密枝叶却偏偏可以荫蔽来往之人，对此它似乎浑然无知。不将自己封闭起来，限于乖戾、孤僻，而在尘世中尽性地有一番作为，这才是逍遥。

放眼历史，谁能真正游刃于逍遥与利济夹缝之间？东晋的谢安似有这般的风流。渴望事功又不愿拘束的李白视谢太傅为精神知己。他赋诗赞曰：

尝高谢太傅，携妓东山门。
楚舞醉碧云，吴歌断清猿。
暂因苍生起，谈笑安黎元。
余亦爱此人，丹霄冀飞翻。

——《书情赞蔡舍人雄》

“暂因苍生起，谈笑安黎元”就是谢安一生最好的写照。谢安出身名门，幼年就得王导等名僚高官赞誉。年轻时屡屡拒绝征召，无入世之志。妻子看到谢家诸兄才智无论平庸与否，都有高官厚禄，而丈夫是本家名气最大的，却无一官半职，不免牢骚：“大丈夫难道不想富贵么？”然而家中的好好先生却捂着鼻子怼她说："怕是难免。"不过，有明眼人看出了谢安的性情，并不是全然排斥事功的。《世说新语》记载：谢安在东山与王羲之等人整日狎妓，夜夜笙歌，当时还是只是丞相的简文帝司马昱说，别看现在谢安石无所事事，他不久一定会出山。能够与人同乐，也不得不与人同忧愁。果然，他在四十岁时终于接受了权臣桓温的征召，担任司马。简文帝病重，要将遗诏托付谢安。一心篡权的桓温已在京城布好天罗地网，一旦谢安、王坦之入宫接旨，即行诛杀。王坦之吓得手足无措，问谢该如何是好，后者只是说，晋朝兴旺，在此一行，毅然上路。见到桓温，王坦之惊得汗流浃背，一代名士的手板居然拿倒了。而谢安大大方方就座，径直质问桓温："我听说有道的诸侯大员，为天子安守四方，明公您何必要在墙后藏人，欲行不轨呢？"桓温忌惮他的正气和影响，尴尬地笑笑说："我也是被逼得没有办法。"只能陪谢谈笑多时，杀意顿无。晋室的存亡瞬间竟化作谢桓二人的一场叨陪寒暄。桓温病重，暗示袁宏伪诏加九锡于己（天子对诸侯的最高赏赐），谢安见状把诏书要去修改，一拖再拖，直到桓温去世。而后前秦苻坚大兵压境，意图灭亡东晋，声势浩大，所谓马鞭投江，长江为之不流。而谢安运筹帷幄，淝水打败敌军，以少胜多，再一次稳定晋朝，最终导致前秦的覆灭，拯救苍生于水火。

一个悠游无富贵志的名士，最终因为天下苍生的召唤，以书生的肩膀扛起一个摇摇欲坠的王朝，去应对自己不愿意纠缠的世俗。谢安隐居时，百官纷纷议论，谢安不做官，怎么对得起天下的百姓对他的期望。而他出仕，官员们却说，谢安做官了，天下百姓又怎么对得起他（的自我牺牲）！谢安不渴望有用于世，但是自己的才华和胆略，雅量和气度，自然而然能给予周围的人以庇护，他又当仁不让，热忱勇猛。

这如同成玄英所描述的无材之木，不事招摇，却可寝卧苍生。谢安位极人臣之后，力主以宽任无为的道家之法治国。一次，他和王羲之同登冶城城墙，心中又生超然出世之想。王羲之委婉地批评说：“夏禹勤于政事，手足磨出老茧；文王管理国家，连吃饭都无暇顾及。如今朝廷边境战事频繁，执政者应思考效忠国家，空谈浮华会荒废大事，恐非当今执政者所应有。”谢安反驳道：“商鞅务实功利，可是秦朝用其法，只传了两代就灭亡了。”直到此时，他仍在坚持自己当初隐逸时的修为和性情。

如果没有出仕，谢安或许只是一个出名的高士，他的逍遥翻飞，自由无碍也只是抽象、生涩的贤者自况。而从四十岁赴召开始，在风云际会中上下求索，全身而退的谢太傅，却成就了一代名士更大的风雅、更高的标格。这正符合唐人对道家的诠释，在“有无”中往来无碍，不拘泥于有，更不限于“无”的禁锢。心中有道，环境、时局皆可顺应，如同“道”的运行，玄之又玄，不偏废于一隅。

无为与有为的转换，在唐代成为灵活巧妙的处世哲学，《旧唐书》记载谏官阳城的事迹，颇为典型。阳城是闻名朝野的贤士，被唐德宗征召为右谏议大夫。

先前人们都仰慕他的风采，听说他来做谏官，都寄寓他很高期望，认为他会赴汤蹈火、过劳死在任上。结果他到任后，整天和兄弟喝酒，不理政事，别的谏官事无巨细，认真负责，相比他却心宽体胖，大事化小。甚至每个月领的工资，除了少量日用之外，全部送到酒店里赊账去了。

可是，醉虎也有酒醒的时候！奸臣裴延龄诬告陆赞，没有人敢于仗义执言，阳城挺身而出，连续数日，慷慨陈词，团结同僚，为陆开解，弹劾延龄。甚至不给台阶下，提出如果延龄为相，自己宁愿披麻戴孝，痛哭于朝。前后判若两人。方才让人知晓，无为是人生智慧，是权宜的谋略，而坚守原则是非，确是不可撼动的使命。

李荣：导引轻身之术

成玄英的重玄之说强调道家应超越有无的界限，而唐代另一位道家名宿李荣与之呼应。李荣其人性情狷介好辩，常被朝野视作道家代言者，热衷于与儒佛抗辩。他认为，道本身就是混沌恍惚的，它非有非无，不受任何对象的限定，不以任何形式为终极。它甚至也没有本质、同一性。既包罗万象，又似乎生灭不定。他不赞同用“有”“无”，而以用“虚”去诠释道的特点。“道者，虚极之理也。夫论虚极之理，不可以有无分其象，不可以上下格其真。”（《道德真经注》）我们不能用言语、概念、符号、理念去说什么是符合道，什么是道的体现。我们只能不断否定，什么不是道，一切表象都是被道所超越的。“虚极”就是不断否定超越表象、悬置道之体用的灵动。

道的真实性在于“虚”，即不断超越身心所沉溺的表象。对于道家信徒，相应的修身的办法就是不断“忘身”。如何“忘身”？从行为和思想上看，需要做到忘情。即通过回归本性，不断摆脱情欲的束缚。“恶难止，思除其恶，制之于未动，虑息其患，持之与安静，恶兆无由得起，不谋自然无患，此谓上士防患也。”(《道德真经玄德纂疏》）最高境界的上士，能够做到情感欲望未发动之时，就将其消弭于萌芽。上士的操守与恒心非常强大，通过修炼真性，基本上能够让欲望未发。而大部分人，恐怕能修到“中士”的境界就不错。“中士不定，随好恶而异心。闻真道，存身以安国，则存道而忘俗。见财色，悦性以娱情，则存俗而忘道。”中士的真性还未强大到以“无情”应对外界的诱惑，他们被道感染，受真人引导就可以安邦定国，立身行道，但是如果被世俗侵染，难免贪恋财色。所以这些人需要在欲望逐渐滋长的时候，加大反省的力度，勉强对抗恶行的滋生。但是下士则内心根本就不会犹豫，他们看见声色犬马就会沉溺，届时是非不分，完全抛弃大道和真性，这是必然的。如果要忘情戒欲，怎么办最好？平时就要修养自己的脾气，戒骄戒躁，心境中和。

除此以外，“忘身”之法，还可以通过精神修养来完成。在这一点上，李荣的思想和许多道士不同。他认为，通过外服丹药、养生延寿来延续自然之性是舍本逐末。真正的修养就是一种“导引”，导引自己的思虑，归于真纯，克服世俗的杂念，克服竞躁之思，去除分别之心，达到专一。在他所注《西升经》中写道：“养身者，其身清。修心者，其神静。静则不劳，清者无染，不劳不染，与道同身，身与道同，命无期尽。”如果你心里没有过多的欲念，耳不闻纷繁之争，目不染尘俗之秽，忘记自我身份、立场、执念，就能延续天真之性，回返真道。

《大唐新语》记载的李荣逸事，颇见其“虚极”之见。“京城流俗，僧、道常争二教优劣，递相非斥。总章中，兴善寺为火灾所焚，尊像荡尽。东明观道士李荣因咏之曰：‘道善何曾善，云兴遂不兴，如来烧亦尽，唯有一群僧。’时人虽赏荣诗，然声称从此而减。”虽然李的说法有浮薄偏激之嫌，为人诟病，但也能看到他将求“道”视作是道家人不断自我否定和超越的努力。不要去用言语、物质、偶像、行动去想当然地界定“道”的范围。

唐代文人士子也为了导引轻身费尽了心思。以白居易为例，白乐天平生多疾，年纪轻轻因为苦读得了眼病。“夜昏乍似灯将灭，朝暗长疑镜未磨。”因为足病还有坠马后落下的腰病，痛苦不堪。晚年感染风疾，头晕难耐，“头旋剧转蓬”(《初病风》)。被贬江州之后，更是心灰意冷，身心俱疲。为了养生，除服云母粉，后怀疑丹药伤身，改行虚极忘身之法。其核心就是服气（调息行气），坐忘。“闭目常闲坐，低头每静思。存神机虑息，养气语言迟。”(《不与老为期》）一切心机忧虑都被渐渐忘却，连诗人最敏锐的语言也慢慢迟钝。“杲杲冬日出，照我屋南隅。负暄闭目坐，和气生肌肤。初似饮醇醪，又如蛰者苏。外融百骸畅，中适一念无。旷然忘所在，心与虚空俱。”(《负冬日》）在冬日暖阳的照耀下，诗人闭目养神，旷然忘却自己所在何处，内心荡涤清静，那种感觉就像喝醉了酒，而肢体舒坦，仿佛蛰伏许久的真纯心智已然苏醒。

六 变革

苏轼的儒道释互通

宋代是民族本位文化成熟的时期，其标志为理学的形成；另一标志则是儒释道三教合流的文化高峰逐渐形成。道家思想在参照佛、儒的基础上，展现出更广博、灵动的一面，并呈现前所未有的新相与变革。其中苏轼是典型代表。

苏轼一生几经沉浮，面对理想与现实、出世和入世这一令士子内心纠结、矛盾的永恒话题，他在坎坷的生命历程中，以非凡的智慧将其化解。其化解矛盾的方式就是转换视角，不断解构和否定二元对立的事象，在这个过程中，他体现了道佛的汇通，并将其运用于儒家的有为与抱负中。

首先，面对被贬谪的困境，苏轼用道家的齐物通观去转换视角。苏轼被贬儋州，曾写下《试笔自书》——吾始至南海，环视天水无际，凄然伤之，曰："何时得出此岛耶？"已而思之，天地在积水中，九州在大瀛海中，中国在少海中，有生孰不在岛者？覆盆水于地，芥浮于水，蚁附于芥，茫然不知所济。少焉水涸，蚁即径去，见其类，出涕曰："几不复与子相见。"岂知俯仰之间，有方轨八达之路乎？念此可以一笑。戊寅九月十二日，与客饮薄酒小醉，信笔书此纸。

海南岛远在天涯海角，谪人骚士被困于孤独寂寥中。苏轼转换视角，开导自己。天下九州都是被大海包围，中原广阔，也不过是在东海的包围之中，谁不是生活在岛屿之上。一盆水倒在地上，草芥浮在水洼里，蚂蚁附着于草芥上，随草漂浮，不知所到之处。水不久干涸，蚂蚁终于逃脱见到同类，哭着说道，差点再也见不到你们了。哪里知道举手投足间，通达之路就在眼前。想想是多么可笑。所有的陆地不过都是岛屿，所有的通达不过也都是困境，反过来，换更大的眼光看，困境依傍的就是通途，又有何可畏惧的？

人们为什么不够通达，就是因为眼光被局限住了。《庄子·则阳》中载晋人给魏王打了个比方："有国于蜗之左角者，曰触氏，有国于蜗之右角者，曰蛮氏。时相与争地而战，伏尸数万，逐北旬有五日而后反。"小小的蜗牛的左右触角上各有一个国家，两国相争，伏尸百万，追逐败逃者要十五天才能返回。和无限比，再大的区域也细微得仿佛没有一般，就是这个道理。

更进一步说，其实大小、是非、多少、美丑看似隔阂，有阻碍，有分别，但本质上都是相生相待的。依据庄子的齐物论，矛盾的事物相互依存。"彼出于是，是亦因彼。"没有反面就没有正面，没有生也就没有死。这样看来，当你承认这个事物，也就承认它的对立面，所谓"是亦彼也，彼亦是也"。庄子甚至提出了这样的疑问："果且有彼是乎哉？果且无彼是乎哉？彼是莫得其偶，谓之道枢。"真的有彼此的分别么？真的没有彼此的分别么？如果彼此分别似有似无，变得模糊了，"道"的枢机也就呈现出来了。

苏轼被贬黄州，七月既望，与道士杨世昌泛舟于赤壁之下。客在吹洞箫之余，心生悲戚。人生须臾，功业渺小，即便如同曹操、周瑜这样的英雄，而今在哪里呢？似乎寄情于山水自然，与鱼虾、麋鹿为友更真实、超脱。但人生终究不可能与天地同寿，共享这份博大与永久。对比之下，人生真的是毫无出路，只有悲伤可言了。苏轼的解决之道则是“物各有主”。天地永恒，只是从不变的角度看，从瞬息万变的角度看，没有永恒这一说。另外，人们之所以认为天地长久和旷远，是因为和人生的须臾束缚比较。如果没有对人生的求索，天地的参照也就失去了意义。反过来，人生的精彩和价值，本身就不应该以天地的大小长短为标准。二者看似相反，其实是相生，不能离开彼此的。如果走出自然与人生的比较，发现二者的相通，忘却时空，就能够摆脱忧虑。于是乎《赤壁赋》的结尾，苏轼写道，苏子与客二人，“相与枕藉乎舟中，不知东方之既白”。

苏轼不只是运用道家思想，他将庄子的齐物理论融入儒家的理想之中。《赤壁赋》中说，“望美人兮天一方”。香草美人取自楚辞，喻指君王。辅佐君主的政治抱负并不是虚无可笑的，既然人生功业与天地自然是同等重要，不分彼此的，人生亦有人生的规律、主宰，所谓“物各有主”，那么谁说不应该竭尽全力去求索奋斗、自强不息呢？这是苏轼道家思想的拐点，他超越了一般道家的避世主张，是儒道互补、互通。

不仅如此，他还援道入佛，以庄子相生相待的齐物思想去参照、解释佛教无碍、去执的真谛。苏轼在《苏程庵铭》中写道：“本无通，安有碍。程不去，苏亦在。”意思是世间万物看似矛盾、对立，但是一切阻碍、隔阂之所以存在，就是因为人有汇通的执念。就像程长老和我苏东坡总是擦肩而过，其实我们两个都在，只是因为有“同在”的执念，所以才会觉得总有一方不在场。按照佛教的思想，通达和阻碍都是妄念，也都是分别心的体现。表面上看，“通”超越了“碍”的局限，自由比束缚、超然比困厄要好。天地之永恒比功业之渺小更令人向往，但当你执着于追求它，反而可能陷入同样的束缚之中。为什么看似二元对立的事物，本质上无分别，佛教的说法是比较玄虚的。这一点上，苏轼参考了道家。“有主还须更有宾，不如无镜自无尘。只从半夜安心后，失却当年觉痛人。”（《钱道人有诗“直须认取主人翁”，作两绝戏之》）主宾之分，彼此之别，恰恰证明二者的依存，即庄子所谓“彼出于是，是亦因彼”。所以看到主还要看到宾，但如果没有“主”的观念，“宾”也就不复存在了。就好比禅宗所谓没有镜子，也就没有灰尘。消除灰尘最有效的办法，就是连镜子也拿掉。痛苦是因为有对幸福的执着，如果没有对某个理想、目标的执着，也就不会有得不到的苦痛。然而苏轼并没有沉浸于一切皆为妄念的佛教境域中，他仍然肯定此世、现实的价值和意义，由这一点看，他更像是个纯粹的道家、儒家。他否定的是物的局限和狭隘，却不否定物本身的价值，因为大道、自然皆依物运化。

邱处机止杀好生

全真教是元代道家思想的重要代表。其主张好生止杀，在那个特殊的时代意义重大。蒙古帝国在远征世界之初，频繁采用屠城手段，不论男女老幼，即便是投降者，也尽行杀戮。伊朗史学家费志尼说："凡抗拒他的帝王、君主、城镇长官，成吉思汗统统予以消灭，连他的家人、部下、族属和百姓亦无豁免；因此，毫不夸张地说，原有十万人口的地方，所余的活人不足一百。"这种简单野蛮的政策给中原带来了极大的灾难。

元代全真道龙门派代表人物邱处机得教中祖师王重阳真传，声名远播，号长春真人。1220 年，邱真人七十三岁高龄，应成吉思汗征召，赶赴西域大雪山传授神仙长生之道。邱真人面见铁木真的经过，详细地记录在《长春真人西游记》《元史》等典籍中，其真伪虽有争议，但邱氏"一言止杀"的故事流传甚广，成为一段公案。

邱处机身居齐鲁，公元 1219 年，南宋攻金领地，曾征召邱氏。但他却拒绝出山。"不起。州牧以为异，师曰：吾之出处，非若辈所可知，他日恐不能留耳。"(《历世真仙体道通鉴》）邱处机声称自己出山之所，非凡人所能知晓，他日自有交代。一年之后，他接到了元太祖成吉思汗的征见，于是起身，远赴大漠。成吉思汗感慨，别的国家征聘您，您拒绝了，却不远万里来到蛮荒大元！道人回答说，我之所以出山，是因为天的感召。蒙古人信奉长生天，邱氏的说法，无疑是承认蒙古大汗作为天命所托的正统，这一说法深深打动了成吉思汗，再加上老道人言谈诚恳切实，很快就得到了铁木真的信任。

在蒙古人四处杀伐之际，邱处机利用统治者的优待，尽其所能保护生民。他从道家的修行观念出发，向成吉思汗灌输养生安民的观念。

《元史·释老传》中记载："十月望日，如期召见。太祖时方西征，日事攻战。处机每言'欲一天下者，必在乎不嗜杀人'。"他劝告成吉思汗，历朝历代的统治者想要统一天下，就要不嗜好杀人。只有这样，才能安民，方才得天下。大汗问治理之法，他回答说"敬天爱民"。问修身之术，他回答"清心寡欲"。成吉思汗非常认同，高兴地说，是长生天赐老神仙给我！两年后，大汗出猎，在射杀野猪之时，马失前蹄。危急时刻，野猪却没有伤害他，一旁却立。得知此消息，邱处机进谏说："上天好生，您坠马，这是上天的警告，让您不要再杀戮了。而野猪不伤您，则是上天要护佑您。"大汗听后幡然醒悟，连忙说："以后只要是老神仙的建议，每一样我都依从。"不仅如此，邱处机利用自己北方道教领袖和大汗座上宾的声望，向拜谒自己的蒙古将帅宣扬好生的思想，"凡将帅来谒，必方便劝以不杀人"。看见有汉人士子被蒙古人俘获，一定伸出援手解救。人们往往借助邱处机的名号脱险，"脱欲兵之祸者甚众"。

据《长春真人西游记》记载：成吉思汗命令大将阿里鲜去山东招讨征伐。临行前，阿里鲜请求邱处机弟子尹志平同行。邱处机一开始并不同意。而阿里鲜却恳请再三——他说："如果大汗发兵征讨，所到之处生灵必遭涂炭，只有靠师父您一言劝止，让大汗垂慈。"邱处机思考良久答应："即便救之不得，也比见死不救要好。"于是答应前去。连蒙古人自己也感受到嗜杀的暴戾，这不能不说是邱道长的化育熏陶。而其弟子亦可以担当求护生灵的大任。难怪大诗人元好问这样形容全真道门人的救赎之功：“所谓全真家者，乃能救之荡然大坏不收之后，杀心炽然如大火，聚力为扑灭之。呜呼，岂非天耶？”（《清真观记》）在元好问笔下，全真教弟子灭人杀欲，如同赴汤蹈火，功德无量。

道家认为，一切有形，皆含道性。众生是道的化育，在生命可贵这一点上看，万物都是平等的。就人类而言，不分等级、贫富、长幼、善恶，生命都是可贵的。元代道家经典《历世真仙体道通鉴》《纯阳帝君神化妙通纪》刻画了几位道家人物，反映了包含全真道在内各家各派厚生的主张。

一位是药王孙思邈。一次，慈悲心肠的孙氏路见牧童要杀一条小青蛇。小蛇已经流血了，生命垂危。孙思邈请求小孩放过蛇，自己把衣服脱去，用血肉去饲小蛇。救活以后，敷上药膏，放在药箱内，垫上药草。一个月以后，孙思邈出行路上看到一个白衣少年。对方下马叩拜说，小弟是郎君所救。孙大夫早忘了自己救过的是哪一个，但是在少年的盛情邀请下，骑马载货而行，马蹄如飞，如同腾云驾雾，一日千里。来到一处城郭，门庭煊赫，宅邸俨然，有王府气象。正诧异间，少年请他进屋见一男子，男子道谢说，小孩子独自出行，被恶人所伤，差点丢了性命，幸亏您救了他。我们这里都是小儿宗亲，一起感念您的恩德。接着，一个青衣女子带着一个青衣小儿来拜谢，口里称见了道人本尊，实在是荣幸。孙思邈才恍然大悟，这不就是那条小青蛇么？看见周围的人喊女子王妃，称那男子为大王，孙偷偷问周围侍从这是哪里，回答说，这是泾阳水府。原来自己到了龙宫了。龙王要设宴款待孙思邈。孙思邈说自己正在行道家辟谷之术，不食佳肴、不狎妓、不赏乐，只喝酒就可以了。龙王再送千金珍宝，孙再度推辞了。无奈，龙王送出了最珍贵的礼物——“乃命其子取龙宫药方三十首与思邈，曰：此真道者，可以济世救人。”

孙思邈取了这三十首龙宫药方，经过自己的试验，终于完成了他的不朽药学名作《千金方》。孙思邈活了九十九岁，隋文帝时就已经名扬天下，而唐太宗征召他的时候，惊叹他的容貌看上去像个少年。

可见厚生可以积累福报，也有助自身修养和长寿。相反，杀伐之欲之可畏，止杀一念的可敬，也是道教最有力的训诫。《纯阳帝君神化妙通纪》第七卷记载了“丹度莫敌”的故事。

扬州有个老兵官叫莫敌，退伍以后自己销了名籍，整日接济贫苦。一天，一个道人遇见他，问：“你所学的是什么道？”他说，我平生忏悔自己最大的罪就是杀人太多，怎么敢说自己奉道。从少年从军，大大小小百余战，所杀的人成百上千。今年我七十三岁，常常梦见冤魂啊，深以为悔恨！道人劝慰说，所谓生生死死，罪孽福气，本质都是空无。您心里面觉得自己有罪，那么你看自己就全身都是罪过。心里面没有装着罪，那么恶相也就消失了。你看到的冤魂，不过是相由心生，实际并不存在。道人领着莫敌来到了一个宛若仙境的水边，突然，成百上千浑身血衣淋漓的魂魄前来索命。莫敌惊魂未定之时，道人大喝一声，冤魂一下子全部散去，再不复返。这时，道人给了他三粒仙丹。说，吃三粒，就是天仙了，吃两粒，就是地仙，要是吃一粒，就是地下主。莫敌接过仙丹，刹那间，一粒飞升，一粒落地，一粒进了他的肚子。道人说，这就是你的定数，我们的缘分到此为止了。莫敌问道人姓名，道人隔空画了一个“吕”字，远遁而去。莫敌从此绝人间烟火，活到了一百多岁，端坐仙逝，可谓“白日升天”了。

王重阳保全真性

全真教的重要观念之一就是保全天性，即可成仙，即得长生。王重阳以“全真”命名教派，用他的话说就是“真性不乱，万缘不挂，不去不来，此是长生不死也”。所谓的真性，按照道教具体的解释，即元气、元精和元神。“元”即先天存在的。人的精气神有先后之分。后天的精气神由肉体而来，人死，肉体灭亡，也就消散了，而先天的精气神则不同，它超越生死，与天地自然契合。相传王重阳得了吕洞宾的真传，修炼出一套让元神脱离肉体、永恒不灭的办法。他临终时说：“一灵真性在，不与众人同。”只要全其真性，就能成仙，肉体毁灭也无损于灵魂的超越。和李荣相近，王重阳反对一味去追逐肉体上的健康和长生。肉体必然腐朽，真正的长生不可能局限于健康和寿命，而是灵魂、精神。邱处机也认为：肉体不过是精神的旅舍，如果精神飞升了，化作千百亿万身，一身一世何足挂齿？

如何全人的真性，元代道家的观点是外修德，内固精神，即王重阳所谓的“真功真行”：真功即保留诚心去欲，保留真性，王重阳的办法是让肉体承受世俗的磨炼考验，让精神超脱，与道合一。从他生平的修炼、度人即可见。王重阳本名王嘉，少年才气过人，文思敏捷，博学通典，又美髯雄伟，本是读书走仕途的好苗子。但他壮年时忽有所悟，感慨孔孟一生兢兢业业，也不过庸庸碌碌为功业所扰。遂感悟大道不在此间，于是一夜间行为狂放不羁，不加检点，为乡里厌恶。同乡都称其为“王害风”(关中对疯子狂人的俗称)。王嘉的顿悟引来了吕洞宾的指点，授予他仙机，自号“重阳子”。自此，他便开始了传道生涯。王重阳由士子才人到放浪形骸，这是对功名欲望的抛弃，也是顿悟体道、修炼真功的第一个层次。

而后，他建道庵，“起封高数尺，圹深丈余”(《历世真仙体道通鉴续编》)，看上去像坟冢墓穴。自己隐居其间，世间人以“活死人”视之。在庵门顶上悬挂牌位，名之曰“王害风灵位”(“王疯子之墓”)，四边种上海棠、梨树，意思是他日要令四方教风如一。此时的重阳子，不顾他人的讥讽误解，进入自己的精神世界，保持对道的执着和专注，进一步摆脱俗务羁绊，这是修炼真功的第二个层次。

第三个层次，则是度人收徒。王重阳收徒的条件异常苛刻。史载，他对弟子终日苛刻打骂，或以各种方式诱惑考验。众多信徒都因无法忍受而脱离道门。最终留下的只有马钰、刘处玄、邱处机等几名弟子，在其死后发扬教派。《历世真仙体道通鉴续编》记叙其考验大弟子马钰的经过：有一次，王重阳买来四条鲤鱼，用二斤羊肉与之同烹，放了一个月，鱼肉都已经臭腐。他命令门人弟子吃下去。徒弟们因为都戒除了荤腥，没有人敢吃。只有马钰叩首从命。王重阳逼迫弟子吃腐烂的鱼肉，弟子皆以戒除荤腥为正当理由，拒绝食用。马钰甘愿吃腐烂事物，实际已经通过了第一重生理考验，超出了众弟子的修行。然而，重阳子却没有赞扬他，而是对其大加呵斥，指责他借听自己的话的名义，实际是禁不起荤腥的引诱。于是对他加重体罚，不分昼夜，狂骂捶楚。实际上，马钰此时面临的是第二重考验，即食欲的诱惑。重阳子以棒喝的方式，帮助他克服第二重欲望。

马钰是重阳子眼中最有慧根和天分的弟子。他为了度这位弟子，可谓煞费苦心。马钰修道不久，曾经头痛欲裂。王重阳指责马钰为了治头痛，用酒作药引子，反而嗜酒过度，导致病情加重。对他的痛苦幸灾乐祸，指责他是信道不笃，要让他吃此教训。经过这一番生死考验，马钰的修行方才纯净无碍。他还曾经托梦于弟子，用地狱痛苦、轮回福乐贫疾来促使其顿悟。在重阳子度人的过程中，肉体的折磨、情理的委屈是家常便饭，只有真正有灵性、有执念的信徒，通过固神养气的修炼，才能得见天道。

而对于普通人来说，全真教所谓的“真行”，才是最简便日常的修行方法。简而言之，就是乐于助人，积德行善。

全真道掌门尹志平提出要慕善恶恶，还要自耻自辱。只要自己一有恶念，就要诉与他人，以此来刺激自己反省自戒。道人王志谨则身体力行地教化民众，周济苍生。元代翰林王鹗曾经问王道士：您那么大年纪，腿脚不便，为何不坐而论道，著书立说，相反到处旅途奔波，频繁接受别人的邀约，出入各种社交场所。难道道家不应该是以清静为旨？王志谨回答说：“书生的交际其实也要分别看。我们全真道人，效仿的正是前辈们有价值的交际。有钱人请我们去，我们去，穷人需要我们，我们也去。一天请我们十次，我们去十次。千里之外有人请，也在所不辞。我们急着帮助别人，所以不敢稍望安稳，便利自己。”王鹗还是不解地问，老师您帮了这么多人，不问其来历，不考察他们平日的品行，难道不怕有恶人牵累么？王志谨坦然答道：全真所追求的教化之功就在于此。能使早晨的盗跖傍晚成为伯夷，不正是我们的追求么？

以全真教为代表，元代道家对于修养真性颇有心得。他们想到了很多办法。其中不外乎清静、放逸，特别重视对生命本身的养护。元代道书《太华希夷志》中记载了宋初陈抟老祖的睡眠修炼法，在元人中影响颇大。其中最著名的就是陈抟的一首瞌睡歌。宋太宗问陈抟何以养生，他唱了一首歌："臣爱睡，臣爱睡，不卧毡，不盖被。片石枕头，蓑衣覆地，南北任眠，东西随睡。轰雷掣电泰山摧，万丈海水空里坠。骊龙叫感鬼神惊，臣当恁时正鼾睡。闲想张良，闷思范蠡，说甚曹操，休言刘备。两三个君子，只争些小闲气。争似臣，向清风岭头，白云堆里，展放眉头，解开肚皮，打一觉睡。更管甚玉兔东升，红轮西坠。"张良、范蠡本就有隐逸之志，特别是张良，更是道家人杰。但陈抟对这些君子也一样鄙弃。世事本就不值得理睬，以超越的眼光看，一切道义、功业都是人的欲望制造的幻觉，"小闲气"而已，那什么是不闲的？当然是拥抱自然，与道为一，逍遥自在，养护精神。睡一觉的意义要远胜于运筹帷幄的价值。

陈抟的故事在元代影响很大。著名散曲家、绰号"马神仙"的马致远就写过杂剧《陈抟高卧》。话说陈抟曾在山下卖卦，目的是与天下人结缘。阴差阳错遇见了尚是人臣的宋太祖太宗兄弟。陈预言此二人有天子之命。太祖登基后，想念陈抟，意图委以重任。陈抟抱着与老友叙旧的目的，让仙鹤看家，白云锁门，优哉游哉来到了繁华的汴梁城。太祖首先感慨故友再聚，喜不自胜，陈抟却说"白发故人稀，黄阁功臣少"。太祖请陈抟做官，他却推辞说，我这一生只求安睡，卧榻以外的世界，地老天荒、苒苒物华，与我无关。"恨不的生扭死窗前报晓鸡。休想我惜花春早起，爱月夜眠迟，这般的道理。"太祖再问，如果给你一个闲散官职，无案牍劳累，不也可以么？陈抟却说，他的理想是身外全无事，而不是少事清差。自己睡起来二三年也唤不起，呼噜震天响，怎么能当差，连个点卯画符怕是都干不了——"若在那省部里，敢每日画不着卯历。"太祖还不死心，接着劝，先生您不知道大人之道。大人以四海为家，兼善天下，无我无人，万物为一。如此，不如眼光放开阔些，不要拘泥于一人的造化。陈抟却坦然自信地反驳:“三千贯两千石，一品官二品职，只落的故纸上两行史记，无过是重茵卧列鼎而食。虽然道臣事君以忠，君使臣以礼，哎，这便是死无葬身之地，敢向那云阳市血染朝衣。”为了故纸堆的两行无意义的文字，却丧失了宝贵的生命，这是划不来的买卖！要是自己做了官，美梦怕是要做不成了——“御史台纲索省会，六部当接各详细。攘攘垓垓不伶俐，是是非非不尽期，好教我战战兢兢睡不美。”

在俗世奔波中安闲偃卧，恐怕至多只能是士子文人、小老百姓的理想。但是在汉人仕进之路受阻的时代，不被功名的失意困扰，至少也算是神仙道教的现实意义，这一碗心灵鸡汤，正得其时。

李贽「一念本心」

针对宋明理学的弊端，明代思想家李贽提出了“童心说”。其思想有浓重的老庄印记，又有所发展。老子第十章有“专气致柔，能如婴儿乎？”一句，李贽这样解读：正因为婴儿混沌无知，所以没有庞杂欲望的干扰，保留自己的纯真，其生气才最专一。因为婴儿无能无为，其生气故而最柔和。一个人能像婴儿一样生气至专至柔，那他的精神就最贴近大道。把李贽所说的婴儿般的无知无能延伸一步，推诸意识层面，就是一个人不可泯灭的“童心”。

“夫童心者，真心也。若以童心为不可，是以真心为不可也。夫童心者，绝假存真，最初一念之本心也。”也就是说，所谓童心，就是每个人最初的一念头。这一念头本身是混沌的，也是自然、真实的，却往往被人们压抑。如果一个人能够时刻保留一念的率真，就是真人。李贽做了个比喻，心灵是水，童心就是水源。然而人的心灵之源却经常堵塞。因为随着人的成长，眼见耳闻的东西太多了，有的是感性的，有的是理性道德的，这些都不断地进入心灵，拥堵住源头，本来每一念头都是童心所致，而现在每一念头都以世俗之见为衡量，童心早已找不到痕迹了。比如说，人们知道美名是好的，于是拼命去发扬，看到恶名是不好的，于是千方百计去远离遮蔽，这就是失去童心的表现。久而久之，这个世界上的一切人说的都是成见，没有自己的真情。说的话虚假，办的政事也是虚伪的，写的文章同样也充斥着虚情。无数假人在对话，吹捧、赞赏，这个世界就变得无处不假。从这个意义上说，圣人之所以了不起，是因为圣人和俗众不同，不因读书为学而失去童心，甚至借助学问的力量，发展和养护了自己的童心，言事喻理都能有自己的真情和体验，发乎情，见乎真。

李贽大胆地提出，只要能说真话，去成见，人人皆可为文。“天下之至文，未有不出于童心焉者也。苟童心常存，则道理不行，闻见不立，无时不文，无人不文，无一样创制体格文字而非文者。”人们抬高《论语》《孟子》，以此为标准去约束思想文章。可《论语》在李看来只是圣人弟子断章取义的臆断和摘录，已经脱离圣人真意，所以在后世就成为假道学的教条和工具，祸害天下士子。

李贽一生的性情所为，与其说是狷介，不如说掺杂了孩童式的真纯和率性。袁中道说他年少有才名，因为“路远”，就放弃科举，洒脱任性可见一斑！喜欢当面指别人的过错，对于不能领会自己的人冷脸相待，喜怒爱憎全都在脸上！看到不喜欢的登门客，当面就说，请把座椅挪远点，嫌其臭秽。为人洁癖，不近女色，尽管中年无子，却拒绝纳妾，不置婢女，在他这里成人、俗人的欲望好像都是厌恶逃避的负累。晚年剃发留髯，遣还妻女，了断俗缘，安心在朋友家做寓公，专心读书，著他那些离经叛道的“妖说”。

李公的“童心”在某些人看来是怪异和冷傲，是不谙世事的偏执，是婴孩般的胡闹与任性。事实上，这些人的虚伪和麻木已被看透，他们是令赤子瞋目的丑类。而对于感真情、通真理的文人、挚友，李贽愿意投靠、交往，甚至以命相随。他愿意不避嫌疑、不计后果地交付真心，不惜以身犯险。李贽私行中最大的争议，是与明代名臣，好友梅国桢之女梅澹然的交往。澹然年少时未聘夫亡，一生守寡。梅国桢是兵部侍郎，总理山西军务，又颇有诗才，徐文长曾盛赞其诗。在如此家学感染下，其女少时就以才闻名。梅家是湖北麻城当地的望族，李贽也曾卜居麻城的芝佛院，梅李二人素有交往。梅澹然倾慕李贽才学，拜其为师。李贽这个素来傲介的文人，对这位徒弟青睐有加，感佩其才学，给予了极高的评价：称梅澹然是出世丈夫，虽是女身，见识远胜寻常男子。学道以后，知见更是日进精进。自己平素恶为人师，但梅氏以师视之，彼殷勤之请，深挚之礼，令其不得不回应。为了不破戒，只能以师称梅氏，这样地位平等。

李贽孤傲的性格，称一个孤孀寡女为师，作为弟子，于情于理似乎都是不能接受的。但李贽用自己不为人师的戒律作为理由，巧妙而温和地化解了尴尬，并多少给予对方挑战世俗的勇气。这里，我们看到的“童心”不是莽撞，而是对知己的关怀和体谅。

封建时代，特别是理学影响根深蒂固的明代，“男女之大防”是不可触碰的天然戒律。性情狷介的文人，恃才傲物的才子，无论如何孟浪造次，谁都怕惹上此等麻烦。梅澹然是朋友之女，又是官家贞妇，还是入庵修行的俗家寡妇，收这样的人为女弟子，本身就是李梅二家开明大胆的举措，而以师相称，互通书信，表达敬意，更是足以掀起雷池巨浪。不仅如此，李贽甚至将与众女弟子的信起名《观音问》，称澹然为在世“观音”，不吝赞美。他声称那些庸俗僧人死后火化，也只是形式，一生未必真懂佛中要义。这些僧人化得了自己，却不及梅氏能化得了众人。正是澹然的聪颖虔诚，让众多女弟子自觉努力向前，有春风化雨之功。正是这番言论，引来轩然大波。礼部官员上疏万历皇帝指责李贽，说他勾引士人良家妇女，借入庵讲法的机会，携带被枕夜宿，以《观音问》

为幌子，调戏士人妻女，嚣张狂妄。此类言辞狠毒激烈，最终导致了他的悲剧命运。

李贽对女弟子的赞誉自然是坦荡的，绝非千夫所指的私情勾引。但是，这样恃才傲物的人物，这样的赞赏和热情，是不是显得突兀、反常？李贽似乎正是以他这样离经叛道的言行去表达他心中对女性价值的尊重。针对世人的猜忌，他写下《答以女人学道为见短书》：文章声称，人有男女之分，但见识难道也有男女之别吗？见识有长短之辨，但是男人的见识一定长，女人见识一定短吗？如果女儿身却有男子见识，能够听闻正论，勤爱学术，鄙弃俗语浮世，这样的女子，当世男子见了怕是要羞愧流汗，低头不敢出声了罢！李贽是以实际行动来去除礼教对女性的偏见，不惜以此得罪所有人，这是不是也算童心无碍？

然而，自由的荆棘鸟最终难逃流血的宿命。李贽死前的行状是传奇而悲壮的。重病中的他被大金吾缉拿问罪，侍从搀着入院，卧于台阶之上。锦衣卫问："你为何妄著妖书？"李贽回答道："罪人我写的书很多，都在这里，但是对圣人之教有益无害。"锦衣卫笑他的倔强。也没有重判，大概也只是等待皇帝谕旨，遣送回原籍罢了。在等待判决的日子里，李贽养病读书。一天，他唤来侍从剃发，就在侍从转身离开的片刻，他持剃刀自刎。后面两天，他在极度痛苦中等待死亡。旁人问："和尚疼么？"他没有办法说话，只能用手指在那人手上写"不痛"。又问："和尚为何要自刎呢？"写道："七十老翁何所求！"

"圣人著书甚多，具在，于圣教有益无损。"这句掷地有声的回答，回响在历史的长空，来自于一个孱弱的躯体，一颗最雄浑健旺的心灵。我们不禁想到老子的教诲——"柔弱者生之徒！"

《红楼梦》「好了」之叹

“世事洞明皆学问，人情练达即文章。”曹雪芹的《红楼梦》代表着中国古典小说最高的艺术成就，也堪称古代社会与文化的一部百科全书。这里既包含着对清朝社会兴衰的写照，也是对整个封建皇权社会历史的反思。“盛衰之理，虽曰天命，岂非人事哉。”（欧阳修语）可以说，一部《石头记》正是以儒释道三教的思想蕴脉，书写天命、人事的浮沉沧桑，其中道家的有无观、盛衰观被曹氏予以人格化、形象化，更为鲜活，也更具有典型性。

在老子看来，天道运行的规律就是物极必反，盈就意味着亏损，“万物并作，吾以观复。夫物芸芸，各复归其根”。（《道德经》十六章）事物发展到一定阶段，就要复归其本源。所以盛极必衰，清醒的人，盛世中必知危局。

《红楼梦》第十三回写秦可卿之死，当晚，王熙凤梦见可卿与自己告别——

“婶子好睡！我今日回去，你也不送我一程。因娘儿们素日相好，我舍不得婶子，故来别你一别。还有一件心愿未了，非告诉婶子，别人未必中用。”凤姐听了，恍惚问道：“有何心愿？你只管托我就是了。”秦氏道：“婶婶，你是个脂粉队里的英雄，连那些束带顶冠的男子也不能过你，你如何连两句俗语也不晓得？常言‘月满则亏，水满则溢’；又道是‘登高必跌重’。如今我们家赫赫扬扬，已将百载，一日倘或乐极悲生，若应了那句‘树倒猢狲散’的俗语，岂不虚称了一世的诗书旧族了！”

秦可卿的告诫既是王熙凤命运的预言，也是贾家败落的先兆。贾府鲜花着锦、烈火烹油之际，也正是其破败的开始。元妃省亲时排场很大，这是皇恩最后的怜悯，麻痹了贾府上下对自身破败的危机感，促其无可救药地滑向荒淫、堕落的深渊。用贾蓉的话说：“再两年再一回省亲，只怕就精穷了。”（五十三回）可惜了这几人偶然的见识，没有让贾府上下清醒过来。而骄横善妒、机关算尽的凤姐，却偏偏铸成了数桩大错。得知贾琏私娶尤二姐，凤姐怒不可遏，先笑里藏刀迎接二姐入府，背地里让旺儿唆使二姐未婚夫张华去告贾琏国丧期间霸占民女，用这样恶毒过火、不计后果的方式去讹诈宁国府，同时教训丈夫，气焰嚣张可见一斑：“着他写一张状子，只要往有司衙门里告去，就告琏二爷国孝、家孝的里头，背旨瞒亲，仗财依势，强逼退亲，停妻再娶。”张华胆小，不敢告，凤姐大怒说：“怨不得俗话说，癞狗扶不上墙的！你细细说给他：就告我们家谋反也没要紧。要闹大了，我这里自然能够平服的。”他日宁府被抄，罪状之一就是逼娶民女致死，实际是贾琏的罪责，更是凤姐的恶行。而后，刺激尤二姐吞金惨死，寒了众人的心，更是令贾琏恨其入骨，心生报复之意。凤姐为贾府收支殚精竭虑，私下以房契盘剥私利，违例操作，落人口实，遂成查抄罪证。

最终，大厦倾覆，始作俑者难逃其命。一百〇五回，锦衣卫抄出贾府数量众多的御用品，属大不敬。更有两大箱子房地契和借票，属于“重利盘剥，很该全抄”！贾政惊得傻眼，连忙推脱说家务是贾琏主持，自己不知情，贾琏仓皇之余迁怒于王熙凤。平儿抱着惧病交加、奄奄一息的凤姐向贾琏哭诉：“东西去了不能复来，奶奶这样，还得再请个大夫瞧瞧才好啊。”贾琏唾骂道：“呸！我的性命还不保，我还管他呢！”王熙凤此时才悔悟说，外面的人都怨恨自己放账，自己是枉费心机，挣了一辈子强，倒落在人后头了。吞金服毒都死有余辜，还请什么大夫。

《红楼梦》并非强调盛衰皆依宿命，而是提醒人们从兴亡的循环中看到人生如梦，大梦中人应当顿悟惊醒。庄子《齐物》云：“梦饮酒者，旦而哭泣；梦哭泣者，旦而田猎。方其梦也，不知其梦也。梦之中又占其梦焉，觉而后知其梦也。且有大觉而后知此其大梦也，而愚者自以为觉，窃窃然知之。”梦见豪饮美酒的人，早上醒来就会因失落而哭泣。梦见哭泣的人，一觉醒来轻松愉快打猎去了。就在他们梦的时候，不知道自己的喜怒都只是梦而已。甚至在梦里面还会占卜梦的吉凶，醒来以后才知道这是梦中梦。愚蠢的人，睡着做梦的时候还以为自己是醒着的。谁是真正的觉醒者呢？

《红楼梦》开篇，已显暮年颓唐的甄士隐在街头散步，迎面来了一个跛脚道人，嘴里念叨着什么。甄士隐素有慧根，只听出了关键的“好了”二字。当着道人的面，他用自己的体悟解了这首“好了歌”——

陋室空堂，当年笏满床；衰草枯杨，曾为歌舞场。蛛丝儿结满雕梁，绿纱今又糊在蓬窗上。说什么脂正浓、粉正香，如何两鬓又成霜？昨日黄土陇头送白骨，今宵红灯帐底卧鸳鸯。金满箱，银满箱，展眼乞丐人皆谤。正叹他人命不长，那知自己归来丧！训有方，保不定日后作强梁。择膏粱，谁承望流落在烟花巷！因嫌纱帽小，致使锁枷扛；昨怜破袄寒，今嫌紫蟒长；乱烘烘你方唱罢我登场，反认他乡是故乡。甚荒唐，到头来都是为他人作嫁衣裳！

魏源托《老子》救世

晚清中国社会、思想遭遇前所未有的大变动、大危机。李鸿章称列强入侵是“世数千年未有之变局也”。一批改革家、思想者以独到、长远的眼光去展望未来，意图救世。其观念或受启于泰西启蒙思潮，更有博古通今者取法乎古，以全新的思维去演绎和运用儒释道的经典。作为开眼看世界的名士，魏源以《海国图志》著称。同时，他的《老子本义》也广为流传。在这些著述中，魏源将老子思想运用于经邦济世。

魏源首先提出解读《老子》要回溯其本源。《道德经》是乱世中所作，它本是救世之书。其目的之一是解决当时各派学术的弊端和分歧，而更重要的则是悲悯受苦众生，救世人丧乱之心，“此老子悯时、救世之心也”。从历史上看，老子学说不断地被用于拯救世道，或经世致用。魏源认为，上古的羲皇拿它来明道，这是其运用的最高境界。而中古的汉文帝、汉景帝等人用它来治理国家，这是次一等的境界。最下等的境界则是让统治者、军阀读了之后起了戒杀护生之心，就是乱世中的劝善。比如明太祖读到“民不畏死，奈何以死惧之”一句，一度“罢极刑而囚役之”。宋太祖读《老子》后提醒将士慎杀。

老子面对的是杀伐征战、礼崩乐坏的时代。而今人（晚清）也同样面临这样一个时期，列强虎视眈眈，企图分裂疆土，国内政局疲弊，烟毒横行。他将其称为“末世”。末世中的人，遭遇惨痛的教训之后，渐渐理解时代的凋敝，没有人开导、强迫，就能够感受到自身改变时局的迫切——“及有过而渐喻之，感悟之，无迫束以决裂，此末世之无为也。”这里的“无为”是策略、手段，其动机仍然是有为，即纠正时弊的担当意识、忧患意识。魏源在《海国图志叙》中提出:《易经》的作者卜算吉凶，实际是因为心怀对天下的忧患与筹划。天道之所以能够由否转向泰，因为困境中的人常怀忧愤，所以能够不断求索，适时转化，推动世运变化，人心方能觉醒——他认为，天时和人事是伏依相乘的，人如果由忧患心，能够祛除伪装、克服畏难心、不再纵容包庇姑息奸恶之人，甚至是断了明哲保身的后路，那人心的祸患就会消除，这样世道就会改变。从这一点看，魏源是用“反者，道之动”的思想去提醒人们从忧患中发现生机。

如何能够起死回生？首先，要做到无欲，这是根本，是救世之“体”——“后人以急功利之心，求无欲之体不可得，而徒得其相反之机。以乘其心之过不及。”首先不能有功利心和贪欲，克服急躁冒进的心态，做任何事情才不会过犹不及或有私心杂念。其次，在具体做法上，要“无为”。魏源的“无为”不是无所作为，半途而废，“非治之而不治”，而是“乃不治以治之也”。为什么不治反而能达到治的小国，因为“不先事而为”，就是遵循事情的客观规律，不先入为主，这就是魏源理解的庄子的“自然”。魏源在《默觚》一书中打了个比方，一个聪明人和一个笨人在一起学习，渐渐地，那个笨人越来越聪明，而那个聪明人越来越笨，不是因为资质有了变化，而是因为方法、道路正确与否。“溺心于邪，久必有鬼凭之；潜心于道，久必有神相之。”发现事物的规律，走上正确的道路，删繁就简，釜底抽薪，这才是无为的实质。

魏源所说的“道”当然不是通过“坐忘”达到的，他需要积极、认真、主动地摸索，与庄子不同，它和“技”“工具”并不是对立的。“技可进乎道，艺可通乎神，中人可易为上智，凡夫可以祈天永命，造化自我立焉。”他提出“师夷长技以制夷”的观点，学习西方的先进技术，通过钻研技艺，提升自身对事物规律的认识，原本平庸的民众可以提升智慧，实现自化，这里带有鲜明的开放意识和时代精神。

魏源亲身实践他“技可进乎道”的救世主张。在他以前，对于西洋人的风土、技术、制度，林则徐的《四洲志》是代表；但不够翔实。他在此基础上编撰《海国图志》六十卷，用序言中的话说，其依据“历代史志及明以来岛志及近日夷图、夷语”，“钩稽贯串，创榛辟莽，前驱先路”。别人的西方志是用中国人自己的话来解释西方，而“此则以西洋人谈西洋也”。他之所以这样做，既是谋其技，更是了解西洋的虚实真相，知其形。“故同一御敌，而知其形与不知其形，利害相百焉；同一款敌，而知其情与不知其情，利害相百焉。”这正是不先于事而为，尊重规律的无为之心。

严复新解「老庄」

晚清志士仁人将近代民主思想与老庄学说相结合，呼吁社会变革，塑造了开风气之先的新时期道家理想人。如思想家、翻译家严复，提出了“老子者，民主之治之所用也”。其思考之大胆、犀利、辩证，在今天仍有不可磨灭的价值。

将老庄哲学与民主联系，或许是一种创造性的误读。但单看《道德经》，确实有可附会处。《道德经》的三十九章云：“故贵以贱为本，高以下为基。是以侯王自谓孤、寡、不穀。此非以贱为本邪？非乎？故致数与无与。”尊贵要想长久，需要以低贱为基础，这符合道的治理原则。对此，魏源的《老子本义》有更激进的解读：君主王侯之所以尊贵，有权力，是因为众人低贱，给予其这样的地位。这就是老子的“正反”逻辑。就像车子是众多材料的汇聚，如果分解开，也就没有车的整体可言了。君主的尊贵已经分解，也不过就是泯然众人。民众和侯王本质上是一致的，没有先天的差异。这里的说法，带有君权民赋的意味。

而严复比魏源说得更直白，老子的无为而治，与西方的民主政治高度类似，他在《老子评点》中援引孟德斯鸠《论法的精神》(又译作《法意》)，提出老子虽然没有见过民主社会，但是他的小国寡民精神，有类于此。严复认为，中国未曾有过民主制度，所以老子不能凭空构建民主思想。但是老子思想中也有类似民主的痕迹，比如他的小国寡民之说，他借托于太古君王黄帝、神农氏君不甚尊，民不甚贱的想法，都是民主理念的另一种形式。他认为老子本希望从君主制中求重视民生，提升民众地位，不以君权凌驾万民的治国理想，却不能得，所以托言太古黄、农，最终形成了小国寡民之说。

严复大胆论断，老子的“民主”理想，最终在西方社会得到实现。小国寡民，甘食美服，安居乐俗，邻国相望，鸡犬相闻，民老死不相往来的盛世，孟德斯鸠《法意》篇中所指的民主之真相。按照老子小国寡民的描述，我们似乎也很难直接判断其如何体现民主的，对此严氏也语焉不详。我们不妨这样理解：小国寡民社会中，政治上的“无为”被理解为对礼法、强权的对抗，而老死不相往来的快乐生活，更像是独立自由的民主生活。民众自觉地有道德地生活，不需要刻意地维护秩序，社会就能和谐稳定。这一点和孟德斯鸠设想，在西方民主社会中，民众有极强的道德荣誉感有异曲同工之妙。另一方面，他解释得更清楚，老子看清贵贱之间互为因果，“贵以贱为本，高以下为基。是以侯王自谓孤、寡、不穀。此非以贱为本邪?”(《道德经》三十九章）严复认为，能把“下”看作是政治的基础，这是民主的理想体现。

如何实现民主理想？严复也从老子那里找到了灵感。他借评点《道德经》，表达了如下观点：上古真正的民主之国，采用黄老之道，所以可以很好地做到“长而不宰”，无为而无不为。后来的君主之国，再也没有能采用黄老之道了。汉代所谓黄老之术治国，不过是表面文章。君主统治的利器，不过是儒术外加法家救败而已。换句话说，如果君主少一点专权，把责任和权力交给民众，那国家自然太平兴盛，百姓自然会自己去谋利，君王自然也就垂衣拱手，这是对老子“无为而无不为”的另一种解读。君主专制的国家，只采用儒家之术，不能真正沿袭道家的精髓。

严复比魏源看得更远，如果要让民众真正能够自由无碍地行使权力，振兴国家和民族，首要要让个体独立，精神、人格、智识、体魄等多个方面均获得成长，在物竞天择的大道中，磨炼自己，自救自强，这是实现民主的必然阶段。易言之，自由发展的意志和自由生长的环境，才是民主社会得以实现的根本。而这一点，在他看来，又是道家早已主张过的。

他点评老子“天地不仁，以万物为刍狗，圣人不仁，以百姓为刍狗”（《道德经》五章）的观点，认为这就是在强调天地、圣人无所偏私，给予万物自主发展的空间。

另外人们以为老子要百姓“虚其心，实其腹，弱其志，强其骨”，好像是愚民。但在严复看来，虚心弱志的目的不过是克服愚昧和成见，获取更新更好的知识和教育。他认为，虚心是为了学习和接受“道”，充实心灵，从而更好地成就自我，削弱一个人偏执的意念，才能遵从真理，没有欲念诱惑的干扰，才能强骨自立，大刀阔斧地改革实践。这一点呼应了老子所说的“胜人者有力，自胜者强，知足者富，强行者有志”，战胜自己，克服自己，从而顺道而行的人才是真正的强者。严复从社会进化论的视角看，号召民众通过学习、努力，去超越自我，成为强者。

而在庄子那里，他也看到了自由作为民主基础的契机。他认为西方学者斯宾塞所主张的政治理念，核心是任人之自由天性，以人事作为辅助，这一点类似于庄子所谓的“不忘在宥”。“在宥”是庄子的概念，意味着任物自在（宥：宽容）。当每一个人能够在社会中自在创造，自由的权利受法律保护，那民主自然也就能够实现。

严复以道家的“在宥”精神去提倡自由，开启民智，为民主的传播而积极改造和创设学术、舆论、政治环境。严复在八国联军侵华期间，以保国保种为口号，和同志创立“中国国会”，通电全国，号召各地响应。一方面是为了抵御外敌，救亡图存，另一方面也是在积极借鉴西方宪政，对旧的政体改良。清廷掌握政局后，对严复等负责人大加通缉搜捕，形势一度十分凶险，严复本人也躲进了租界，专心翻译书籍避祸。

严复对民主、自由的贡献，还在于思想的传播、著作的译介。严复翻译赫胥黎的《天演论》，成为学术史上不朽的经典。严复用《中庸》对比《天演论》，有了这样一番振聋发聩的言论：“人欲图存，必用其才力心思，以与妨生者为斗。负者日退，胜者日昌，胜者非他，智德力三者皆大是耳。”人通过与保守势力的对抗，不断突破自己，实现智、德、力全面的自由。

而他更切实的社会活动则是自筹资金去协助办学、搞教育，开启民智，陶铸民魂。从建立“名学会”（用逻辑学、实证科学去反思国学之弊端），助马相伯创办复旦公学，受聘担任京师大学堂总监督，署理北大校长，用教育和文化去启迪民智，培养顺道而行的时代强者、新人。